AF453509

CATALOGUE
DES LIVRES
DU CABINET
DE *feu* M. BONNEMET,

DONT la Vente se fera en détail, en la manière accoutumée, au plus Offrant & dernier Enchérisseur, le Lundi 10 Février 1772, & jours suivans, depuis trois heures de relevée jusqu'au soir, en sa Maison rue de Richelieu, vis-à-vis le Caffé de Foi.

A PARIS,

Chez MÉRIGOT l'aîné, Libraire, Quai de Conti, au coin de la rue Guénégaud.

M. DCC. LXXII.

AVERTISSEMENT.

Feu M. Bonnemet s'eſt retiré du Commerce, poſſeſſeur d'un bien acquis avec l'honneur & la probité, que l'on lui a toujours connus. Son inclination bienfaiſante l'engagea à ne point ſe marier. Il aimoit aſſez ſa Famille, pour vouloir en être le Père; il leur en a donné des preuves autentiques dans ſon Teſtament dicté par la ſageſſe la plus profonde & la mieux réfléchie, ſans déranger le goût qu'il avoit pour le beau.

Le choix des Éditions, la rareté de nombre d'articles, & la beauté des Exemplaires qui compoſent ſon cabinet, nous donne lieu de nous flatter que ce Catalogue ſera accueilli favorablement des Amateurs.

La plûpart des Livres ſont reliés en maroquin du Levant, par les plus habiles Maîtres; & l'on s'eſt attaché, à chaque article, à déſigner leur condition.

Les Bibliomanes trouveront dans chaque

Divifion de ce Catalogue des objets qui fa-
tisferont leurs défirs. L'on a mis à plufieurs
articles des renvois aux Numéros de la *Bibliographie inftructive* , pour éviter les ré-
pétitions.

ORDRE

DES FACULTÉS

ET DIVISIONS

DU PRESENT CATALOGUE.

THÉOLOGIE.

ÉCRITURE SAINTE,

Avec ſes Interprêtes & Critiques,

JURISPRUDENCE.

SCIENCES ET ARTS.

HISTOIRE.

CATALOGUE

CATALOGUE
DES LIVRES
DU CABINET
De feu M. BONNEMET.

THÉOLOGIE.

ECRITURE SAINTE,
Avec ſes Interprêtes & Critiques.

Textes & Verſions de l'Écriture Sainte.

1 Biblia Sacra Vulgatæ editionis, (juſſu Ducis Richelieu) caraĉteribus minutiſſimis edita. *Pariſ. Martin,* 1656. *in* 12. *chagrin noir, fermoirs d'or.* 60ᵗ

2 La Sainte Bible en Latin & en François, avec le ſens propre & littéral, par Louis-Iſaac le Maître de Sacy, *Paris, Deſprez.* 1699, *& ann. ſuiv.* 33 *vol. in-*8. M. R. *lav. régl.* 20 ou

3 La Sainte Bible traduite en François, avec des notes, par le même, *Paris, Desprez.* 1707. 8 vol. *in*-12. M. V. *lav. régl.*

4 La Sainte Bible trad. en François, par M. le Gros, *Cologne*, 1739, *in*-12. M. R.

5 Pfalterium Davidis, ad Exemplar Vaticanum, anni 1592, *Lugd. Joh. & Dan. Elzev.* 1653, *in*-12. M. C. = *double.* M. B. *lav. régl.*

6 Diſſertations qui peuvent ſervir de Prolègomene de l'Ecriture Sainte, par Dom. Aug. Calmet, *Paris, Emery.* 1720. 3 *vol. in*-4. M. R.

7 Pſeaumes de David, trad. ſelon l'Hébreu & la Vulgate, par M. Dumont, *Paris, le Petit,* 1665. *in*-12. M. R.

8 Les mêmes. (*Holl.*) 1666. *in*-12. M. V. *lavé régl.*

9 Les mêmes, *Paris, le Petit,* 1671. *in*-12. M. R. *lav. régl.*

10 Les mêmes, *Paris, le Petit,* 1679. *in*-12. M. R. *lav. régl.*

11 Paraphraſe des Pſeaumes de David, par Ant. Godeau, *Paris, Camuſat,* 1648. *in*-4. M. R.

12 Interprétation des Pſeaumes avec la vie de David, par M. l'Abbé de Choiſy, *Paris, Cramoiſy,* 1687. *in*-4. M. B.

13 Novum Teſtamentum Græcum. *Lutetiæ, Rob. Stephani,* 1546. *in*-12. M. R.

14 Novum Teſtamentum Græcum, *in*-12. V. M. *f. d.*

15 Novum Teſtamentum Græcum, verſiculis diſtinctum. *Lugd. Bat. Elzev.* 1641, 2 *vol. in*-12. M. R.

16 Novum J. C. Teſtament. editionis Vulgatæ, *Col. Agrippina, Balth. Egmond,* 1688. *in*-16. M. R.

17 *Idem. Parif.* 1703. *in*-12. V. B.

THEOLOGIE. 3

18 Nouveau Teſtament de N. S. J. C. traduit ſur l'ancienne édition Latine, corrigé par le com- 7ᵉ mandement du Pape Sixte V, par le R. P. Denis Amelote, *Paris*, 1693. 2 *vol. in*-12. M. N.

19 N. Teſtament, trad. en François ſur l'original Grec, avec des notes littérales pour éclaircir le Texte, par MM. de Beauſobre & Lenfant, 48ᵉ *Amſterdam*, *Humbert*, 1718. 2 *vol. in*-4. G. P. M. R.

20 N. Teſtament, trad. ſelon l'édition de la Vulgate, avec les différences du Grec. (Ouvrage commencé par Antoine le Maitre, continué & achevé par Ant. Arnauld, Pier. Nicole, L. I. le Maître de Sacy, J. Séb. du Cambouſt de Pont-Château & Cl. de Sainte-Marthe.) *Mons*, *Migeot*, (*Amſterd. Elʒev.*) 1667. 2 *vol. in*-8. 10ᵉ M. R.

21 Le même. *Mons*, *Migeot*, 1667. *in*-12. M. B. 7ᵉ *doublé de tabis.*

22 Le même. 1668. *in*-4. G. P. M. R. *lav. régl.* 15ᵉ

23 Le même. 1668. *in*-12. M. R. *lav. régl.* = 5ᵉ *double.*

24 Le même. 1672. *in*-12. M. R. *dent. d'or. lav.* 5ᵉ *régl.*

25 Le même, avec le Grec & le Latin de la Vulgate. *Mons*, *Migeot*, 1673. 2 *vol. in*-8. M. R. 12ᵉ

26 Le même, en Latin & en François, avec les différences du Grec & de la Vulgate, *Mons*, 9ᵉ *Migeot*, 1684. 2 *vol. in*-8. M. R.

27 Nouvelle Défenſe de la Traduction du N. Teſtament, imprimée à Mons, contre le livre de M. Mallet, (par Ant. Arnauld) *Cologne*, 1ᵉ *Schouten*, 1680. 2 *vol. in*-8. M. C.

28 N. T. trad. en François, avec des notes littérales, pour en faciliter l'intelligence, *Paris*, 6ᵉ *Deſaint*, 1752. 2 *vol. in*-12. M. R.

29 Nov. Teſt. trad. en François ſur la Vulgate, par

THEOLOGIE.

Dominique Bouhours, *Paris, Joſſe*, 1698 & 1703, 2 *vol. in*-12. M. R.

30 Sentences & Inſtructions Chrétiennes, tirées de l'Anc. & du Nouv. Teſtament, par le ſieur Laval, (Louis d'Albert, Duc de Luynes.) *Paris, le Petit*, 1676. *in*-12. M. R. *lav. regl.*

31 Entretiens ſur le Décret de Rome, contre le Nouveau Teſtament de Châlons, avec des Réflexions Morales. (*Utrecht*) 1709. *in*-12. V. B. *d. ſ. t.*

32 Difficultés propoſées au P. Bouhours, touchant ſa Traduction Françoiſe des quatre Evangéliſtes, par Nic. Thoynard, *Amſterd. Braakman*, 1697. *in*-12.

33 Hiſtoire & Concorde des quatre Evangéliſtes, *Paris, Savreux*, 1669. *in*-12. *vel.*

34. Concorde des quatre Evangéliſtes, par M. le Roux, *Paris, Aniſſon*, 1699. *in*-8. M. R. *lav. régl.*

35 Méditations ſur l'Evangile; ouvrage poſthume de M. Jacq. Benigne Boſſuet, *Paris, Mariette*, 1731. 4 *vol. in*-12. M. R.

36 Paraphraſe ſur les Epîtres de Saint Paul, & ſur les Epîtres Canoniques, avec la Vie du même Saint, par Ant. Godeau, *Paris, le Petit*, 1650, 2 *vol. in*-4. M. R. *doublé. de* M. *lav. régl.*

37 L'Apocalypſe, avec une explication, par M. Boſſuet, *Paris, Cramoiſy*, 1689. *in*-8. M. R.

38 Les Conſeils de la Sageſſe, ou Recueil des Maximes de Salomon, par M. Fouquet, *Paris*, 1727. 2 *vol. in*-12. M. R.

39 Les mêmes. *Paris*, 1736. 2 *vol. in*-12. M. R. = *double.*

THEOLOGIE.

Histoire & Figures de la Bible.

40 Physique Sacrée, ou Histoire Naturelle de la Bible, trad. du Latin de Jean-Jacq. Scheuchzer, & ornée de fig. en taille-douce, grav. par les soins de Jean Pfeffel, *Amsterdam, Mortier*, 38ʟ 1732. 8 *vol. in-fol.* M. R.

41 Histoires du Vieux & du Nouv. Testament, représentées par des fig. grav. en taille-douce, avec des Explications tirées des SS. Peres, par le sieur de Royaumont (Nic. Fontaine.) *Paris,* 6ʟ *le Petit*, 1670. *in-*4. *majori.*

Cet Exemplaire est beau de marge & d'épreuves, les deux figures pag. 39 & 331, gravées par Séb. le Clerc, ne sont point gâtées.

42 Histoires du Vieux & du Nouv. Testament, représentées par des fig. grav. en taille-douce, avec des Explications tirées des SS. Peres, par M. de Royaumont (Nic. Fontaine.) *Bruxelles,* 15ʟ *Fricx*, 1687. *in-*12. M. R. *doublé de* M. R. *dent. d'or, lav. régl.*

43 Histoire Sacrée en Tableaux, avec des Explications tirées des SS. Peres, & des Remarques Chronologiq. par Oronce Finé de Brianville, ornée de jolies fig. grav. par Séb. Clerc, 24ʟ *Paris, de Sercy*, 1670, 1671 & 1675. 3 *vol. in-*12. V. F. d. ſ. t.

Cette Edition qui est la premiere, se distingue par la figure qui représente *Loth* marchant en pleine campagne, accompagné de ses filles, cette figure se trouve à la page 43, & non à la page 47.

44 La même Histoire Sacrée, par le même de Brianville, *Paris, de Sercy*, 1670, 1671 & 24ʟ 1675. 3 *vol. in-*12. *fig.* M. R. *doublé de* M.

<hr>

1150ʟ

45 Hiſtoire du Vieux & du Nouv. Teſtament, par David Martin, enrichie de plus de 400 fig. en taille-douce, *Anvers (Amſterd.) Mortier*, 1700. 2 vol. in-fol. G. P. M. B. *lav. régl.*

Premiere édition ſans clous, & les épreuves des Figures très-belles.

46 Hiſtoire du Vieux & du Nouv. Teſtament, repréſentée par des fig. grav. en taille-douce, par Romain de Hooge, avec une Explication dans laquelle on éclaircit pluſieurs paſſages obſcurs, &c. par M. Jacq. Baſnage, *Amſterdam, Lindinberg*, 1704, *in fol.* M. R.

47 Figures du Vieux & du Nouv. Teſtament, inventées & gravées par Jean Luyken, *Amſterd. Mortier. in-fol. Papier Impérial.*

48 Abrégé de l'Hiſtoire de l'Ancien Teſtament, par M. Philippe Meſenguy, *Paris, Deſaint*, 1737. 3 *vol. in-*12. M. C.

49 Le même. *Paris, Deſaint*, 1747. 10 *vol. in-*12. M. R.

Hiſtoire de la Vie de Notre Seigneur Jeſus-Chriſt, par M. le Tourneux. *Paris, Joſſet*, 1702. *in-*12. M. R.

50 La Vie de Jeſus-Chriſt, par M. de Saint-Real, *Paris, Guignard*, 1678. *in-*4. M. R. *lav. régl.*

Traités Critiques des Rites Judaïques, & Dictionnaires de l'Écriture Sainte.

51 La République des Hébreux, Ouvrage trad. du Latin de Pierre Cuneus, *Amſterd.* 1705. 3 *vol. in-*8. *fig.* V. F.

52 Antiquités Judaïques, ou Remarques Critiques ſur la République des Hébreux, par Jacq. Baſnage, *Amſterd. Châtelain*, 1713. 2 *vol. in-*8. *fig.* V. F.

53 Régles pour l'intelligence des Saintes Ecritures, par M. Duguet, *Paris*, *Etienne*, 1716. *in*-12. M. R. *lav. régl. charta magna*

54 Dictionnaire Historique, Critique. Chronologique, Géographique & Littérale de la Bible, par D. Aug. Calmet, enrichi de plus de 300 fig. grav. en taille-douce, qui repréfentent les Antiquités Judaïques, onziéme édit. *Paris*, *Emery*, 1730. 4 *vol. in-fol.* G. P. M. B.

LITURGIES.

Offices & Prieres de l'Églife.

55 Miffel de Paris, Latin, *Paris*, 1738. 4 *vol. in*-12. M. B. *lav. régl.*

56 Miffel de Paris, Latin.François, *Paris*, 1741. 8 *vol. in*-12. M. B. *doublé de tabis, & lav. régl.*

57 Breviarium Parifienfe, *Parif.* 1736. 4 *vol. in*-12. M. B. *lav. régl.*

58 Breviaire de Paris, trad. en Franç. par l'ordre de Monfeig. l'Archevêque, *Paris*, 1742. 8 *vol. in*-4. M. R. *lav. régl.*

59 Diurnale Parifienfe, *Parif.* 1736. 2 *vol. in*-12. M. B. *lav. régl.*

60 L'Office du Matin, pour les Dimanches & les Fêtes de l'année, *Paris*, 1738. *in*-12. M. B. *doublé de tabis, & lav. regl.*

61 Livre d'Eglife, Latin-François, contenant l'Office de l'après-midi, *Paris*, 1736. *in*-12. M. B. *doubl. de tabis, & lav. régl.*

62 Livre d'Eglife, Latin-François, contenant, Nones, Vefpres & Complies, *Paris*, 1742. 2 *vol. in*-12. M. B. *doubl. de tabis, & lav. régl.*

63 Heures imprimées par l'ordre de Monfeigneur l'Archev. de Paris, à l'ufage de fon Diocèfe, *Paris*, 1736. *in*-8. M. C. *à compart. & lav. régl.*

64 Heures nouvelles à l'ufage des Laïcs, fuiv. le Nouv. Breviaire, *Paris*, *G. Simon*, 1743. *in*-12. M. B. *doubl. de tabis . & lav. régl.*

65 Le Petit Paroiffien, Latin, *Paris*, *de Hanfy*, 1739. *in*-16. M. B. *doublé de tabis, & lav. régl.*

66 L'Office de la Fête & de l'Octave du S. Sacrement, felon le Breviaire & le Miffel Romain, *Paris*, *Cl. Hériffant*, 1734. *in*-12. M. N.

67 Offices propres de l'Eglife Paroiffiale de Saint Roch, *Paris*, 1760. *in*-12. M. B. *doublé de tabis.*

68 Office de la Semaine Sainte Latin-François, à l'ufage de Rome & de Paris, avec l'explication des Cérémonies de l'Eglife & quelques Prieres, tirées de l'Ecriture Sainte, *Paris*, *Dezalier*, 1715. *in*-8. *fig.* M. R. *lav. régl.*

69 L'Office de la Quinzaine de Pafques, *Paris*. 1739. *in*-12. M. B.

70 Le même. Latin - Franç, *Paris*, 1740. *in* - 12. M. B. *doublé de tabis, & lav. régl.*

71 Le même, *Paris*, 1742. *in* 12. M. B. *doublé de tabis, & lav. régl.*

72 L'Office de la Nuit, de Laudes & de Primes, pour les Annuels, *Paris*, 1740. *in* - 12. M. B. *doublé de tabis, & lav. régl.*

73 L'Office de la Sainte Vierge, en Latin & en Franç. *Paris*, *Joffet*, *in*-12. M. B. *lav. régl.*

74 Le même, pour tous les jours de la femaine. *Paris*, *Imprim. Royale*, 1757. 2. *vol. in*-12. M. B. *doublé de tabis.*

75 L'Année Chrétienne, contenant les Meffes des Dimanches, Féries & Fêtes de toute l'année, en Latin & en François, par Nic. le Tourneux, *Paris*, *Elie Joffet*, 1710. 13 *vol. in*-12. M. R. *lav. régl.*

76 L'Année du Chrétien, contenant les Inftructions fur les Myfteres & les Fêtes, avec l'explication

THEOLOGIE.

9

tion des Epîtres & des Evangiles, avec l'Abrégé de la Vie d'un Saint, pour chaque jour de
l'année, *Paris, Coignard,* 1747. 18 *vol. in-*12.   42
M. R.

Traité Hiftorique de la Liturgie Sacrée, ou de la
Meffe, par M. Lazare-André Bocquillot, *Par.*   6
Aniffon, 1701. *in-*8. M. R.

Mélanges de Liturgies, & Offices particuliers.

78 Heures très-anciennes, Mff. *fur velin, en lettres
gothiques, décorées de LVIII jolies miniatures, &
d'ornemens autour des pages, très-bien confervés,
in-*4. M. B. dent. d'or, & doubl. de tabis.

79 Heures Mff. *fur velin, en lettres gothiques, décorées
de XLIII miniatures & d'ornemens autour des pages,
bien confervés. in-*4. M. C. à compart.

80. Heures Mff. *fur velin, ornées de XXX miniatures,
& d'ornemens autour des pages, très-bien confervés.
in-*4. M. R.   360

81 Heures Mff. *fur velin, décorées de XX jolies miniatures, d'ornemens autour des pages, très bien confervés, in-*4. M. R.

82 Heures Mff. *fur velin, ornées de lettres initiales
peintes en or, & de quelques miniatures. in-*4. M. R.

83 Heures à l'ufage de Rome, tout au long fans
rien requerir, *Paris, Alabat, in-*4. *fig.* M. R.

Exemplaire imprimé fur velin, orné de miniatures & de
cartouches autour des pages, peints en or & en couleurs, repréfentant la vie de l'homme, la deftruction de Hiérufalem &
l'Apocalypfe.   96

84 L'Office de S. Louis, Roi de France, à l'ufage
de MM. les Marchands Merciers de la ville de
Paris, *Paris,* 1749. *in-*12. M. B.   2

85 L'Office du Saint-Efprit, Mff. fur velin, *in-*16.   3
M. R.

B   2590

86 L'Office des Chevaliers de l'Ordre du Saint-
Efprit, imprimé fur velin, *Paris, Impr. Royale,*
1703. *in-*12. M. B. *doublé de tabis.*

87 Exercices des Fidèles, par Raymond le Sage,
S. Omer, Fertel, 1753. *in-*12. M. B.

SAINTS PERES.

88 Sentences & Inftructions Chrétiennes, tirées
des anciens Peres de l'Eglife, par de Laval,
(L. d'Albert, Duc de Luyne.) *Paris, le Petit,*
1680. 2 *vol. in-*12. M. R. *lav. régl.*

89 Les Morales de S. Grégoire Pape, fur le Livre
de Job, trad. en François, *Paris, le Petit,* 1666.
3 *vol. in-*4. M. R.

90 Lettres de S. Jérôme, trad. en Franç. avec des
notes, par Dom Guill. Roufel, *Paris, Roulland,*
1704. 3 *vol. in-*8. M. V. *à compart. lav. régl.*

91. Le Sacerdoce de S. Jean Chryfoftôme, trad.
en Franç. & impr. par l'ordre de feu M. Potier,
Evêque & Comte de Beauvais, *Paris, Vitré,*
1650. *in-*12. V. F. *d. f. t.*

92 Theodoret, Evêque de Cyr, de la Providen-
ce, & fon excellent Difcours fur la divine Charité, trad. en François, par l'Abbé le Mere,
Paris, Lambert, 1740. *in-*8. M. R.

93 La Cité de Dieu, de S. Auguftin, *Paris, Pralard,* 1675. 2 *vol. in-*8. M. R.

94 Traduction du Livre de S. Auguftin, des
Mœurs de l'Eglife, de la véritable Religion,
de la correction, de la Grace, de la Foi, de l'Ef-
pérance & de la Charité, par Ant. Arnauld,
Paris, Vitré, 1647. 2 *vol. in-*8. M. R.

95 Les deux Livres de S. Auguftin de la véritable
Religion, & des mœurs de l'Eglife Catholique,
avec des notes, par l'Ab. Dubois, *Paris, Coignard,* 1690. *in-*8. M. R. *lav. régl.*

THEOLOGIE. 11

96 S. Auguſtini Confeſſionum Libri XIII. cum
notis ; *Pariſ. Coignard*, 1687. *in-*12. M. R.   4*w*

97 Les Confeſſions de S. Auguſtin, trad. en François, par M. Arnaud d'Andilly , *Paris , Camu-*
ſat, 1651. *in-*12. M. R. *lav. régl.*   3*w*

98 Les Confeſſions de S. Auguſtin, trad. ſur l'édit.
Latine des PP. Bénédictins , avec des notes ,
par Phil. Goisbaud, Sr Dubois, *Paris , Coignard ,*
1688. 2 *vol. in-*8. M. R. *lav. régl.*   10*w*

99 Les mêmes, trad. du Lat. en Franç. avec des
notes, par le même, *Paris , Coignard* , 1700,
in 8. M. R.   3*w*

100 Lettres de S. Auguſtin, traduites du Latin
en François , avec des notes, par le même
Paris , Coignard , 1684, 6 *vol. in-*8. M. R. *lav.*
régl.   27*w*

101 Les Soliloques, le Manuel & les Méditations
de S. Auguſtin, trad. en Franç. *Paris , Deſprez ,*
1679. *in-*12. M. R.   3*w*

102 Sentences & Inſtructions Chrétiennes, tirées
des Œuvres de S. Auguſtin , par de Laval (L.
d'Albert, Duc de Luynes. (*Paris , le Petit ,*
1677. 2 *vol. in-*12. M. R. *lav. régl.*   4*w*

103 Ratramne, ou Bertram , du Corps & du Sang
de N. Seigneur , trad. de l'Anglois, par l'Abb.
Boileau, *Amſterd.* 1717. *in-*12. M. R.   2*w*

THÉOLOGIENS.

Traités ſinguliers ſur la Grace, &c.

104 Hiſtoire des Congrégations de Auxiliis , juſ-
tifiée contre l'Auteur des Queſtions Importan-
tes, &c. *Louvain , J. Nempe* , 1702. *in-*12. M. R.   6*w*
lav. régl.

105 Journal de M. Louis Gorin de Saint-Amour , 36*w*

B ij   2789*w*

au sujet de ce qui s'est fait à Rome dans l'affaire
des cinq Propositions. (*Hollande*) 1662. *in-fol.*
M. R. *lav. régl.*

106 Histoire des cinq Propositions de *Jansenius*,
(par Hilaire du Mas.) *Liége*, 1699. *in-12.* V.
B. d. s. t.

107 Hist. du Formulaire signé en France, & de la
paix que le Pape Clément IX a rendue à l'E-
glise en 1668, *Trévoux*, 1668. *in-12.* V. B. R.

108 La Paix de Clément IX. *Chamberri*, *Giraux*,
1700. *in-12.* V. B. d. s. t.

109 Relation de ce qui s'est passé dans l'affaire de
la paix de l'Eglise, sous le Pape Clément IX.
Imprimée en 1700, 2. *vol. in-12.* V. M. R.

110 Les Imaginaires & les Visionnaires, ou Lettres
sur l'Hérésie Imaginaire, par M. Damvilliers,
(Pierre Nicole) *Liége*, *Beyers*, 1677, 2 *vol.*
in-12. M. V. = *doubl. in-*8. M. C.

111 Les Œuvres de M. Charles Joachim Colbert,
Evêque de Montpellier, *Cologne*, 1740. 3 *vol.*
*in-*4. M. R.

112 Dissertation sur la Sainte Larme de Ven-
dôme, par J. Bapt. Thiers, *Amsterd.* (*Paris.*)
1751. *in-12.* M. R.

113 Apologie du Banquet sanctifié de la veille
des Rois, par Nicolas Barthelemy, *Paris*,
Tompère, 1664. *in-12.* M. R.

114 Discours contre le Paganisme des Rois de la
Feve, & du Roi-boit, pratiqué par les Chrétiens charnels, en la veille & au jour de l'E-
piphanie, par Jean des Lyons, *Paris*, *Desprez*,
1664. *in-12.* M. R.

Traités singuliers de la Mort.

115 Le Bonheur de la Mort Chrétienne, par le P.
Quesnel, *Paris*, *Josse*, 1714. *in-12.* M. N.

THEOLOGIE. 13

116 La maniere de se bien préparer à la mort, par des considérations sur la Cène, la Passion & la Mort de J. C. avec XLI. estampes emblématiques, grav. en taille-douce & expliquées par le sieur de Chertablon, *Anvers, Gallet,* 1700. *in*-4. M. B. *Belles épreuves.* 20

Ouvrages des Théologiens.

117 Œuvres Posthumes de M. Fléchier, *Paris, Etienne,* 1712, 2 *vol. in-*12. M. R. 4

118 Œuvres spirituelles de M. Franç. de Salignac de la Mothe-Fénélon, *Rotterdam, Jean Hofhout,* 1738. 2 *vol. in-fol.* M. R. 36

119 Œuvres de M. Jacq-Benigne Bossuet, Evêq. de Meaux, *Paris, le Mercier,* 1743, *& ann. suiv.* 17 *vol. in-*4. G P. V. F. *d. s. t.* ✳ 385

Traités des Jeux, des Divertissemens & des Restitutions.

120 Traité des Jeux & des Divertissemens, qui peuvent être permis, ou qui doivent être défendus aux Chrétiens, &c. par Jean-Baptiste Thiers, *Paris, Dezallier,* 1686. *in-*12. M. V. *lav. régl.* 5

121 Maximes & Réflexions sur la Comédie, par M. J. B. Bossuet, *Paris, Anisson,* 1694. *in-*12. M. R. 3

122 Discours sur la Comédie, ou Traité historique & dogmatique des jeux de Théâtre & des autres divertissemens comiques, soufferts ou condamnés depuis le premier siécle de l'Eglise jusqu'à présent, par le R. P. Pier. le Brun, *Paris, Delaune,* 1731. *in-*12. V. M. *d. s. t.* 2

123 Traité des Restitutions des Grands, *Paris, [...],* 1665. *in-*12. M. V. 3

Traités Moraux des Sacremens & de la Pénitence.

124 Differtations Théologiques & Dogmatiques,
fur les Exorcifmes & autres Cérémonies du
Batême, *Paris, Laboitiere,* 1727. *in-*12. M. C.

125 Inftructions fur les difpofitions qu'on doit
apporter aux Sacremens de Pénitence & d'Eu-
chariftie, par Treuvé, *Paris, Defprez,* 1719.
*in-*12. M. R. *lav. régl.*

126 Pratique de Piété pour honorer le S. Sacre-
ment, tirées de la Doctrine des Conciles & des
SS. Peres, *Cologne, Balth. d'Egmont,* 1683. *in* 8.
M. R. *lav. régl.*

127 Exercices de l'Ame, pour fe difpofer aux Sacremens de Pénitence & d'Eucharistie, par M.
l'Abbé Clément, *Paris,* 1751. *in-*12. M. V.
dent. d'or.

128 De la fréquente Communion, par M. Ant.
Arnauld, *Paris, Vitré,* 1644. *in-*4. M. R. *doubl.*
de M. *lav. régl.*

129 La Tradition de l'Eglife, fur le fujet de la
Pénitence & de la Communion, trad. en Franç.
par le même. *Paris, Ant. Vitré,* 1645. *in-*4. M.
R. *doub. de* M. *lav. régl.*

130 Traité de la Communion fous les deux ef-
peces, par M. Bossuet, *Paris, Cramoify,* 1686.
*in-*12. M. R.

131 Agneau Pafcal, ou explication des cérémonies que les Juifs obfervoient en la manducation
de l'Agneau de Pâques. *Cologne, Balth. d'Egmont.*
1686. *in-*8. *fig.* M. R. *lav. régl.*

Traités singuliers des Censures sur la Morale.

132 Les Provinciales ou Lettres écrites par Louis de Montalte, (Blaise Pascal.) à un Provincial de ses amis. *Cologne, de la Vallée, (Elzevir),* 1657. *in-*12. M. R.

133 Les mêmes, avec les notes de Guill. Wendrock. *Amsterd.* 1734. 3 *vol. in-*8. M. R.

134 Les mêmes, en quatre Langues ; en François par Bl. Pascal ; en latin, par G. Wendrock, (P. Nicole) en Espagnol, par Gratien Cordero, & en Italien, par Cosimo Brunetti, *Cologne, Winfelt,* 1684. *in-*8. M. C.

Théologie Catéchétique ou Instructive.

135 Le Cathéchisme du Concile de Trente, trad. en François, *Paris,* 1678. *in-*12. M. R.

136 Instructions Générales en forme de Catéchisme, imprimées par ordre de M. Ch. Joachim Colbert, Evêq. de Montpellier, *Paris, Simart,* 1710. 3 *vol in-*12. M. V. à Compart. doub. de M. R. dent. d'or, lav. régl.

137 Les mêmes. *Paris, le Guerrier,* 1702. *in-*4. M. B. *bonne édition.*

138 Cathéchisme du Diocèse de Meaux, par M. Bossuet, *Paris, Cramoisy,* 1687. *in-*12. M. R.

Théologie Parénétique ou des Sermons.

139 Sermons du R. P. Louis Bourdaloue, donnés au Public par le P. Bretonneau, *Paris, Rigaud,* 1707, & ann. suiv. 16 vol. in-8. M. V. doub. de tabis, & lav. régl.

140 Sermons du Pere de la Rue, *Paris, Rigaud,* 1719. 4 *vol. in-*8. V. F. d. *s. t.*

141 Sermons choisis sur les Mysteres de la Religion, par Jean-Bapt. Molinier, *Paris, Lottin,* 1732, 14 *vol. in-*12. V. F. d. *s. t.*

142 Sermons du Pere Cheminais. *Paris, Josse.* 1730. 5 *vol. in-*12. M. B.

143 Sermons sur les Évangiles du Carême, par Jean-Baptiste Massillon, Prêtre de l'Oratoire, & Evêque de Clermont, *Trévoux,* 1708. 5 *vol. in-*12. V. M. d. *s. t.*

144 Les mêmes, *Paris, veuve Etienne,* 1745. & *ann. suiv.* 15 *vol. in-*12. V. F. d. *s. t.*

145 Panégyriques & autres Sermons par M. Esprit Fléchier. *Paris, Jean Anisson,* 1696. *in-*4. G. P. V. F. d. *s. t.*

146 Réflexions sur les VIII Béatitudes du Sermon de J. C. sur la Montagne, *Paris, Roulland,* 1688. *in-*16. *fig.* M. V.

147 Œuvres de M. Edme Mongin, Evêque & Seigneur de Bazas, contenant ses Sermons, Panégyriques, Oraisons Funèbres, Mandemens & Piéces Académiques, *Paris, Simon,* 1745, *in-*4. G. P. M. R. *lav. régl.*

148 Sermons sur diverses matieres importantes, par M. Tillotson, trad. de l'Anglois, par Jean Barbeyrac, *Amsterdam, Humbert,* 1722. 6 *vol. in-*8. M. B.

MYSTIQUES.

Théologie Mystique, Ascétique, & Contemplative.

149 Thomæ à Kempis de Imitatione Christi, Libri IV. *Lugd. apud Joh. & Dan. Elzev. in-*12. M. R. *lav. régl.*

350 Idem de Imitatione Christi, Libri IV. *Parif.* 3
Boudet, 1743. *in-8.* M. R.

351 De l'Imitation de J. C. trad. du Lat. de Th.
à Kempis, par le fieur de Beuil, (Ifaac-Louis le
Maître de Sacy.) *Paris, Savreux*, 1662, *in-*
16. M. R. *lav. régl.*

352 La même. *Paris, Savreux*, 1663. *in-8.* G. P.
M. R. *lav. régl.*

353 La même. *Paris, Desprez*, 1690, *in-8. fig.*
M. R. *lav. régl.*

354 La même. *Paris, Defprez*, 1708. *in-12.* M. R.
lav. régl.

355 La même. *Paris, Defprez*, 1719, *in-8. fig.* M.
R. *lav. régl.*

356 La même, trad. & paraphrafée en vers françois par Pierre Corneille. *Rouen*, 1656. *in-4. fig.*
M. C.

357 L'Invocation & l'Imitation des Saints pour
tous les jours de l'année, avec des figures en
taille-douce gravées par le fieur Audran. *Paris,*
1687. 4 *vol. in-24.* M. V. *dent. dor.*

358. La Guide des Pécheurs, trad. de l'Efpagnol
du R. P. Louis de Grenade, par M. Girard. *Pa-*
ris, le Petit, 1668. *in-8.* M. R.

359 Pratique de la perfection chrétienne, trad. de
l'Efpagnol du P. Alph. Rodriguès, par Franç.
Séraphin Regnier-des-Marais. *Paris, Cramoify*,
1686. 3 *vol. in-4.* M. R. *doublé de* M. *lav. régl.*

360 Les fept Méditations de fainte Thérefe fur le
Pater, avec les Avis & Sentences chrétiennes
données à fes Religieufes, trad. en françois par
M. Arnauld d'Andilly. *Paris, Roulland*, 1703.
in-12. M. B.

361 L'Ame amante de fon Dieu, repréfentée dans
les Emblêmes de Hermannus Hugo fur fes pieux
defirs, & dans ceux d'Othon Vœnius fur l'amour
divin, avec des explications en vers. *Cologne*
Lapierre, 1717. *in-8. fig.* M. B.

C

162 Le Chemin de la Perfection, tiré des Œuvres de sainte Thérese, trad. par M. Arnauld d'Andilly. *Paris, Roulland*, 1697. *in-*12. M. B.

163 Instructions chrétiennes, tirées des Lettres de M. Jean Duverger de Hauranne, Abbé de S. Cyran, par M. Arnauld d'Andilly. *Paris, le Petit*, 1672, *in-*8. M. R.

164 La Solitude chrétienne, par le même. *Paris, Savreux*, 1659. 3 *vol. in-*12. M. B. *lav. régl.*

165 Lettres sur divers sujets de morale & de piété, par M. Jacques-Joseph Duguet. *Paris, veuve Etienne*, 1735. 9 *vol. in-*12. M. C.

166 Traité de piété, ou Discours sur divers sujets de la morale chrétienne, par M. Claude de Sainte-Marthe. *Paris, Osmont*, 1702. 2 *vol. in-*12. M. V.

167 Lettres sur divers sujets de piété & de morale pour la vie chrétienne, par le même. *Paris, Roulland*, 1709. 2 *vol. in-*12. M. V.

168 Morale chrétienne, rapportée aux instructions que J. C. nous a données dans l'Oraison Dominicale. *Paris, Desprez*, 1709. *in-*4. G. P. M. R.

169 Explication des maximes des Saints sur la vie intérieure, par M. François de Salignac de la Mothe-Fenelon. *Paris*, 1697. *in-*12. G. P. M. R.

170 Œuvres de M. Pierre Nicole, contenant ses Essais de morale & ses Réflexions morales sur les Epîtres & Evangiles des Dimanches & Fêtes de l'année. *La Haye*, 1688 & *suiv.* 9 *vol. in-*12. M. B. *lav. régl.*

171 Traité sur la priere publique, par M. Duguet. *Paris, Etienne*, 1707. *in-*12. M. C.

172 Traité des Scrupules, par le même. *Paris, Etienne*, 1718. *in-*12. M. C.

173 Explication du Mystere de la Passion de N. S. J. C. par le même. *Paris, Etienne*, 1728. 2 *vol. in-*12. M. C.

174 Prieres chrétiennes en forme de méditations, par le P. Quesnel. *Paris*, *Robustel*, 1708. 2 *vol.* *in-*12. M. R. = *double. Paris*, 1724. *in-*12. M. C. *lav. régl.*

175 Les mêmes, sur la dédicace des Eglises. *Paris*, *Barrois*, 1722. *in-*12. M. C. *lav. régl.*

176 Prieres du matin & du soir pour tous les jours de la semaine, ornées de vignettes & de cul-de-lampes, grav. d'après les desseins du sieur Coypel. *Paris*, *Rigaud*, 1714. *in-*8. G. P. M. R. *lav. régl.*

177 Recueil de prieres & de pratiques très-utiles pour se conduire à Dieu dans tous les exercices de la vie chrétienne, avec l'Ordin. de la Messe, les Offices de la Vierge & des Morts, les Vêpres du Dimanche, &c. *Paris*, *Imp. Royal.* 1735. 2 *vol. in-*4. M. B.

178 Prieres Ecclésiastiques pour aider les Chrétiens à bien entendre le Service de la Paroisse, par J. Benigne Bossuet. *Paris*, *Cramoisy*, 1689. *in-*12. M. R. *lav. régl.*

179 Manuel du Chrétien, contenant le Livre des Pseaumes, le Nouveau Testament & l'Imitation de J. C. *Cologne*, 1742. 2 *vol. in-*12 M. B. *lav. régl.*

180 La Journée du Chrétien, sanctifiée par la priere & la méditation. *Paris, Guerin,* 1754. *in-*12. M. B. *doublé de tabis.*

181 Retraite chrétienne sur les vérités du Salut. *Paris*, *de Lespine*, 1704. 2 *vol. in-*12. M. C. *lav. régl.*

182 Conduite d'une Dame chrétienne pour vivre saintement dans le monde. *Paris*, *Etienne*, 1703, *in-*12. M. C.

183 Les dignes fruits de pénitence dans un pécheur vraiment converti. *Paris*, *Desaint*, 1742. *in-*12. M. B.

184 Instructions pastorales de M. l'Archevêque de

Tours fur la Juftice chrétienne. *Paris*, *Defprez*, 1749. *in*-12. V. F. *d. f. t.*

THEOLOGIENS POLEMIQUES.

Traités généraux de la vérité de la Religion chrétienne.

185 Traité de la vérité de la Religion chrétienne, par H. Grotius. *Utrecht*, *Vande Water*, 1692. *in*-12. M. R.

186 Le même, par Jacques Abbadie. *Rotterdam*, *Leers*, 1701. 3 *vol. in*-12. M. R. *doublé de* M. B. dent. dor. lav. régl.

187 Penfées fur la Religion & fur quelques autres fujets, par M. Pafcal. *Amft. Wolfgang*, 1688. *in*-12. M. V. *lav. régl. d. f. t.*

188 Les Témoins de la Réfurrection de Jefus-Chrift, examinés & jugés felon les régles du Barreau, &c. par A. Le Moine. *La Haye*, *Goffe*, 1732. *in*-8. V. M. *d. f. t.*

189 La Religion Chrétienne, démontrée par la Converfion & l'Apoftolat de S. Paul; Ouvrage trad. de l'Anglois de Milord Georges Lyttelton. *Paris*, *Tilliard*, 1754. *in*-12. M. R.

190 L'Incrédule détrompé & le Chrétien affermi dans la Foi par les preuves de la Religion, expofées d'une maniere fenfible, par M. l'Abbé de Pontbriand. *Paris*, *Coignard*, 1752. *in*-8. M. R.

191 Queftions diverfes fur l'incrédulité, par le même. *Paris*, *Chaubert*, 1751. *in*-12. M. R.

192 Théologie des Infectes, ou Démonftration des perfections de Dieu dans tout ce qui concerne les infectes, trad. de l'Allemand de M. Leffer, avec des Remarques de M. P. Lyonnet. *La Haye*, *J. Swart*, 1742. 2 *vol. in*-8. *fig.* V. F. *d. f. t.*

Traités Polémiques contre les Grecs & les Hérétiques.

193 La Créance de l'Eglise Grecque touchant la
Transsubstantiation , défendue contre la Réponse
du Ministre Claude au Livre de M. Arnauld (par
le P. Paris.) *Paris , Savreux ,* 1672. 2 *vol. in-*12.
v. F.

194 Apologie pour les Catholiques , contre les
faussetés & les calomnies d'un Livre intitulé, *la
politique du Clergé de France. Liege , Broncart ,*
1681. 2 *vol. in-*12. M. R.

195 Recueil de diverses objections que font les
Protestans contre les Catholiques sur quelques
articles de Foi controversés , avec les Réponses.
Paris , Coignard , 1735. *in-*12. M. R.

196 Les ruses de Satan , recueillies & comprises
en huit Livres, par Jacques Aconce. *Bâle , Perne ,*
1565. *in-*4. M. R. *bonne édition.*

THÉOLOGIENS HÉTÉRODOXES.

Mélange de Théologie Hétérodoxe.

197 Réfutation des Erreurs de Benoît de Spinosa ,
par M. de Fenelon , avec la vie de Spinosa ,
écrite par Jean Colerus. *Brux. Foppens ,* 1731.
*in-*12. M. B. *dent. d'or. doublé de tabis.*

198 La Religion du Médecin , trad. de l'Angl.
de Th. Brown, *imprimée en* 1668. *in-*12. *fig.* v. F.

199 Lettres sur la Religion essentielle à l'homme.
Londres , 1739. 2 *vol. in-*12. M. R.

200 Les très-merveilleuses victoires des femmes
du nouv. Monde ; avec la doctrine du siecle do-
ré , ou de l'évangélike Régne de Jesus , Roi des
Rois , par Guill. Postel. *Paris , Ruelle ,* 1553. *in-*
12. M. R.

22 THEOLOGIE.

201 Traité sur les miracles, dans lequel on prouve que le diable n'en sauroit faire pour confirmer l'Erreur, par Jacq. Serces. *Amsterdam, Humbert*, 1729. *in*-8. V. F. *f. d.*

202 Histoire de la Mappemonde Papistique, par Frandigelphe Escorchemesse. *Imp. à Luce nouvelle par Brifaut chasse-diables en* 1567. *in*-4. M. C. *Rare.*

Voyez la Bibliographie instruct. n°. 706.

203 Le Rasoir des Rasez, 1562. *in*-8. V. F.

204. Du rappel des Juifs, par Isaac la Peyreyre, impr. en 1643. *in*-8.

Voyez la Bibliographie instruct. n°. 849.

Ecrits des Auteurs Anglicans.

205 De la Mort & du Jugement dernier, par Guill. Sherlock, trad. de l'Anglois par D. Mazel. *Amsterdam, Humbert*, 1712. *in*-8. V. M. *d. f. t.*

206 Du Jugement dernier, par le même, trad. de l'Anglois par David Mazel. *Amsterdam, Humbert*, 1712. *in*-8. V. M. *d. f. t.*

207 De l'immortalité de l'Ame & de la vie éternelle, par le même, trad. de l'Anglois (par de Marmande.) *Amsterdam,* 1708. *in*-8. V. M. *d. f. t.*

Traité de la Théologie des Mahométans.

208 L'Alcoran de Mahomet, translaté d'Arabe en françois par And. du Ryer. (*Hollande.*) 1672. *in*-12. M. R.

209 La Religion des Mahométans, avec des éclaircissemens sur les opinions qu'on leur a faussement attribuées, tirée du latin de M. Reland, & augmentée d'une Confession Mahométane. *La Haye, Vaillant*, 1721. *in*-12. *fig.* M. R.

JURISPRUDENCE.

Traités particuliers de la Puissance Ecclésiastique.

210 **H**istoire du Droit Public Ecclésiastique François, où l'on traite de sa nature, de son établissement, de ses variations & des causes de sa décadence, nouv. édit. par M. D. B. *Londres*, 2 vol. *in*-4. G. P. V. F. *d. s. t.*

211 Traité de l'autorité du Pape. *La Haye, de Rogissart*, 1720. 4 vol. *in*-12. V. ÉC. *d. s. t.*

212 Traité des Bénéfices de Fra Paolo Sarpi, avec des Notes. *Amsterdam , Westein*, 1706. *in*-12. M. R.

213 Capitulaire , auquel est traité qu'un homme né sans testicules apparens , & qui n'a néanmoins les autres marques de virilité, est capable des œuvres du mariage, par Sébastien Roulliard. *Paris , Jacquin*, 1604, *in*-8. M. R.

214 Factum pour les Religieuses de Sainte Catherine-lès-Provins , contre les Peres Cordeliers. *Doregnal, Braessem*, 1679. *in*-12. M. R.

DROIT CIVIL ET PUBLIC.

215 Corpus Juris Civilis , éditio nova prioribus correctior. *Amstelodami , Dan. Elzevir*, 1664. 2 vol. *in*-8. M. R. *lav. régl. prima éditio.*

216 Le Droit de la Guerre & de la Paix , trad. du latin de Huges Grotius en françois , avec des Notes par Jean Barbeyrac. *Amsterdam, Decoup*, 1724. 2 vol. *in*-4. G. P. M. R. *lav. régl.*

217 De l'Esprit des Loix, par M. Louis Secondat de Montesquieu. *Geneve, Barillot*, 2 vol. *in*-4. v. f. *d. f. t.*

218 Défense de l'Esprit des Loix. *Geneve*, 1750. *in*-12. v. f. *d. f. t.*

219 Histoire des Guerres & des Négociations qui précéderent le Traité de Westphalie, par le P. Bougeant. *Paris, Mariette*, 1727. 3 vol. *in*-4. G. P. M. R.

220 Traité contre les Duels, avec l'Edit de Philippes le Bel, de l'an M. CCC VI. non encore imprimé, par M. Savaron. *Paris, Perier*, 1610. *in*-8. V. ÉC. *d. f. t.*

221 Recueil des Edits, Déclarations, Arrêts & autres Pieces concernant les Duels & Rencontres. *Paris, Mabre Cramoify*, 1669. *in*-12. M. R. *lav. régl.*

222 Tarif des Droits du Sceau. *Paris*, 1704. *in*-4. M. B.

223 Les Statuts de l'Ordre du S. Esprit, établi par Henri III du nom, Roi de France & de Pologne. *Paris, Impr. Roy.* 1703. *in*-4. M. B. *lav. régl.*

224 Traité des Droits, Priviléges & Fonctions des Conseillers du Roi, Notaires, &c. avec le Recueil de leurs Chartres & Titres, par M. Simon-Franç. Langlois. *Paris, Coignard*, 1738. *in*-4. M. R.

225 Recueil contenant l'Edit du Roi sur l'établissement de la Jurisdiction des Consuls en la ville de Paris. *Paris, Ballard*, 1668. 2 vol. *in* 4. M. R. *double.*

226 Recueil d'Ordonnances, Statuts & Réglemens concernant le Corps de la Mercerie. *Paris, Chardon*, 1752. *in*-4.

227 Statuts & Réglemens de l'Hôpital Général de la Charité & Aumône générale de Lyon. *Lyon*, 1742. *in*-4. M. R.

228 Co[illegible]e de la Librairie & Imprimerie de Pari[illegible],
par M. Saugrain. *Paris, aux depens de la Commu-* 4
nauté, 1744. *in-*12. V. F.

229 Statuts & Réglemens pour la Communauté
des Relieurs & Dorcurs de Livres de la Ville &
Univerfité de Paris, rédigés par les foins de M.M.
Jacques-Auguftin Bonnet, Pierre Anguerrand
& Antoine Jofeph Monvoifin. *Paris, Lemercier*, 3
1750. *in-*12. M. R.

230 Réglement du Roi & inftructions touchant
l'adminiftration des Haras du Royaume. *Paris*, 3
Imp. Roy. 1724. *in* 4. M. R.

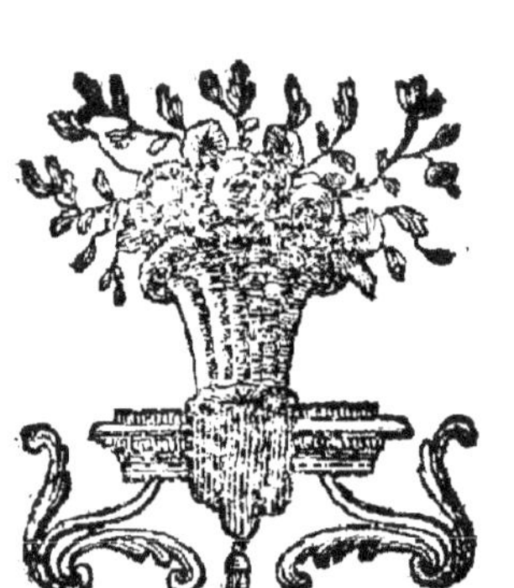

D

SCIENCES ET ARTS.

Philosophes anciens & modernes.

231 Le Platonisme dévoilé, ou Essai touchant le Verbe Platonicien. *Cologne, Marteau,* 1700. *in-*12. M. R.

232 La Vie de Pythagore, fes Symboles, fes Vers dorés, & la Vie d'Hierocles, par M. Dacier. *Paris, Rigaud,* 1706. 2 *vol. in-*12. M. R. *lav. régl.*

233 Lucii Annæi Senecæ Philofophi Opera omnia ; ex ultimâ Jufti Lipfii emendatione ; necnon *M. Annæi Senecæ* Rhetoris quæ extant, ex recenf. And. Schotti. *Lugd. Bat. Elzevir.* 1640. 3 *vol. in-*12. M. R. *lav. régl.* ══ *double.*

234 Traité Philofophique des Loix Naturelles, par le Doct. Richard Cumberland, trad. du latin par M. Barbeyrac, avec des Notes du Traducteur. *Amfterdam, P. Mortier,* 1744, *in-*4. G. P. M. E.

235 Mélanges Philofophiques, par M. Formey. *Leide, Luzac,* 1754. 2 *vol. in-*12 M. C.

Logique & Morale.

236 La Logique ou l'Art de penfer. *Amfterdam, Wolfgank,* 1675. *in-*12. M. R.

237 Le Manuel d'Epictete, ou les Commentaires de Simplicius, trad. en françois par M. Dacier. *Paris, Coignard,* 1715. 2 *vol. in-*12. M. B. *lav. régl.*

238 Réflexions Morales de l'Empereur Marc-An-

tonin, avec les Remarques de Madame Dacier.
Paris, Barbin, 1691. 2 *vol. in*-12. M. R.

239 De la Sagesse, trois Livres, par Pierre Charron. *Amsterdam, Louis & Dan. Elzev.* 1662. *in*-
12. M. R.

240 Les Caractères de Theophraste, trad. du
Grec, avec les caractères ou les mœurs de ce
siècle, par M. de la Bruyere, avec la clef en
marge, augmentée de la Défense de M. de la
Bruyere & de ses Caractères, par M. Coste.
Amsterdam, Westeins, 1720. 3 *vol. in*-12. M. V.
lav. régl.

241 Les mêmes. *Paris, David*, 1750. 2 *vol. in*-12.
M. R.

242 Les Caractères, par Mad. de Puisieux. *Lond.*
(*Paris*) 1750. *in*-8. V. F. d. f. t.

Traités des Vertus & des Vices.

243 Le Spectateur, ou Socrate Moderne, trad.
de l'Anglois de Richard Steele. *Amst. Arkstée &*
Merkus, 1746. 7 *vol. in*-12. V. F. d. f. t.

244 La Fable des Abeilles, avec le Commentaire, où l'on prouve que les vices des Particuliers tendent à l'avantage du public, trad. de
l'Anglois. *Londres*, 1740, 4 *vol. in*-8 V. É.

245 Système du Cœur, ou Conjecture sur la maniere dont naissent les différentes affections de
l'Ame par rapport aux objets sensibles, par M.
de Clarigny. *Paris, Dupuy*, 1704. *in*-12. V. F.

ECONOMIE ET POLITIQUE.

246 Institution d'un Prince, ou Traité des qualités, des vertus & des devoirs d'un Souverain,
par M. Duguet. *Londres, Nourse*, 1739. *in*-4.
M. C.

D 3

28   SCIENCES ET ARTS.

247 La même. *Leyde, Herman,* 1739. 4 *vol. in-12.* M. C.

248 Difcours Politiques de M. Hume, trad. de l'Anglois, par M. l'Abbé le Blanc. *Drefde Groell,* 1755, 2 *vol. in-8.* M. B.

249

250 L'Amour du Peuple pour le Prince, Difcours prononcé à l'ouverture de l'Affemblée tenue à Reims pour l'élection des Officiers municipaux au mois de Mars 1751. *in-8.* M. B. dent. d'or.

251 Difcours Politiques de Machiavel fur la I. Décade de Tite-Live. *Amfterdam, Desbordes,* 1691. *in-12.* V. M. d. f. t.

252 L'Anti-Machiavel, ou Examen du Prince de Machiavel, avec des Notes hiftoriques & politiques, enrichies de plufieurs piéces nouvelles & originales, la plûpart fournies par M. de Voltaire. *La Haye,* 1741. 2 *vol. in-8.* M. R.

253 Le Prince de Machiavel. *Amfterdam, Desbordes,* 1694. *in-12.* V. M. d. f. t.

254 Difcours fur le Gouvernement, par Algernon Sideney, trad. de l'Anglois par P. A. Samfon. *La Haye,* 1702. 3 *vol. in-12.* M. B.

COMMERCE.

255 Dictionnaire Univerfel de Commerce, contenant tout ce qui concerne le commerce qui fe fait dans les quatre parties du monde, ouvrage pofthume de Jacques Savary des Bruslons, & continué par M. Philemont-Louis Savary. *Paris, Etienne,* 1741. 3 *vol. in-fol.* V. M. f. d.

256 Traité des Monnoies, de leurs circonftances

& dépendances, par Jean Boizard. *Paris, veuve*
Coignard, 1692. *in-12. fig.* G. P. M. V.

257 Essai sur les Monnoies , ou Réflexion sur le
rapport entre l'argent & les denrées (par M. Dupré de St Maur.) *Paris, Debure,* 1746. *in-4.* M. R.

258 Traité Général du Commerce, par Samuel
Ricard. *Amsterdam , Marret,* 1714. *in-4.* V. B.

259 Pratique générale & méthodique des Changes
étrangers, par Cl. Irson. *Paris , Jombert ,* 1687.
in-4. V. B.

260 Essai Politique sur le Commerce, par M. Me-
lon. *Paris ,* 1736. *in-12,* V. F. *d. s. t.*

261 Réflexions Politiques sur les Finances & le
Commerce , par M. Dutot. *La Haye (Paris)*
1737. 2 *vol. in-12.* V. F. = *double.*

262 Examen du Livre intitulé , *Réflexions politiques*
sur les Finances & le Commerce (par M. Deschamps.)
La Haye, (Paris) 1740. 2 *vol. in-12.* V. F. *d. s. t.*

MÉTAPHYSIQUE.

263 De la Recherche de la vérité , où l'on traite
de la nature de l'esprit de l'homme, & de l'u-
sage qu'il doit en faire pour éviter l'erreur dans
les Sciences , par M. Nicolas Malebranche.
Paris , David, 1712. *in-4.* G. P. M. R. *doub. de* M.
& *lav. régl.*

Traités singuliers de Dieu, &c.

264 Essais Philosphiques concernant l'entende-
ment humain, où l'on démontre quelle est l'é-
tendue de nos connoissances certaines, & la maniere dont nous y parvenons, par M. Locke ;
trad. de l'Anglois par M. P. Coste. *Amst. Mor-*
tier, 1719. *in-4.* M. B.

265 Essais de Théodicée sur la bonté de Dieu, la

liberté de l'homme & l'origine du mal, par M.
Leibnitz. *Amsterdam, Troyel, 1714. 2 vol. in-12.*
v. f.

Traités singuliers des esprits & de leurs opérations.

266 Le Monde enchanté, ou Examen des communs sentimens touchant les esprits, leur nature, leur pouvoir & leurs opérations, trad. du Hollandois de Balthasar Bekker. *Amsterdam, 1694. 4 vol. in-12. fig.* M. C.

267 Idée générale de la Théologie Payenne, servant de réfutation au système de Bekker, par M. Binet. *Amsterd. 1699. in-12.* M. C. = *double.*

268 La Piété affligée, ou Discours historique & théologique de la possession des Religieuses dites de Sainte Elisabeth de Louviers, par le R. P. Esprit. *Amsterdam, 1700. in-12.* M. B.

PHYSIQUE.

269 Discours sur les différentes figures des Astres, par M. de Maupertuis. *Paris, Martin, 1742. in-8.* V. M. *d. s. t.*

270 Les Œuvres diverses du même. *Lyon, Bruyset, 1753. 2 vol. in-12.* V. F. *d. s. t.*

HISTOIRE NATURELLE.

Histoire Naturelle des Pierreries, des Pierres, des Métaux, des Plantes, des Arbres, &c.

271 Le parfait Joaillier, ou Histoire des Pierreries, composée par Anselme Boece de Boot, enrichie d'annot, indices & figures par And. Toll. *Lyon, Huguetan, 1644. in-8.* M. R.

SCIENCES ET ARTS. 31

272 Histoire Naturelle, générale & particulière, avec la description du cabinet du Roi, par MM. de Buffon & Daubenton. *Paris, Impr. Royale,* 1749. 15 vol. *in-4. fig.* M. R. (*Premiere édition.*) 3 6 o

Cet Exemplaire est parfaitement bien relié, & les épreuves en ont été choisis avec soin.

273 Histoire Naturelle, éclaircie dans deux de ses parties principales, la Lithologie & la Conchyliologie, dont l'une traite des pierres & l'autre des coquillages, par M. Dezallier d'Argenville. 36 *Paris, Debure,* 1742. *in-4.* M. R.

274 Elémens de Botanique, ou Méthode pour connoître les plantes, par M. Joseph Pitton de Tournefort. *Paris, Impr. Royale,* 1694. 3 vol. 12 o *in-8. fig. de belles épreuves.* M. R.

275 Josephi Pitton de Tournefort Institutiones Rei herbariæ, éditio tertia Appendicibus aucta ab Antonio de Jussieu. *Lugduni,* 1719. 4 vol. *in-4. cum figuris.* M. R. 100

L'on a joint à cet Exemplaire les Elémens de Botanique de Tournefort *in-8,* que l'on a encadré de format *in-4,* & qui est coté Tome I.

276 Traité des Arbres fruitiers, contenant leur figure, gravée en taille-douce, leur description, leur culture, &c. par M. Henri-Louis Duhamel du Monceau. *Paris, Desaint,* 1768, 2 vol. *in-4.* 96 *de format petit in-fol.* M. R.

Les figures de cet Exemplaire ont été choisies avec le plus grand soin.

277 Traité de l'origine des Macreuses, par M. de Graindorge, & publié par M. Thomas Malouin. *Caen, Poisson,* 1680. *in-12.* M. V. 6

278 Iules Obséquent, des prodiges; plus III. Liv. de Polydore Vergile sur la même matiere, trad.

du lat. en françois par Georg. de la Bouthiere. *Lyon, de Tournes*, 1555. *in-8. fig.* M. B.

279 Amusement Philosophique sur le langage des Bêtes, par le P. Bougeant. *Paris, Giffey*, 1739. *in-12.* V. M. *f. d.*

280 Traité de la connoiffance des Animaux, par M. de la Chambre. *Paris, Rocolet*, 1647. *in-4.* M. R. *lav. régl.*

281 Catalogue raifonné des Coquillages & autres Curiofités naturelles. *Paris*, 1734. *in-12.* V. E. *f. d.*

282 Catalogue raifonné d'une Collection de diverfes Curiofités du cabinet de M. Bonnier de la Moffon, par E. F. Gerfaint. *Paris, Gerfaint*, 1744. *in-12.* V. E. *f. d.* = *double, avec les prix.*

283 Catalogue raifonné des diverfes Curiofités du cabinet de feu M. Quentin de Lorangere, par le même. *Paris*, 1744. *in-12.* V. E. *f. d.* = *double, avec les prix.*

284 Catalogue raifonné des différens effets curieux & rares contenus dans le cabinet de feu M. le Chevalier de la Roque, par le même. *Paris*, 1744. *in-12.* V. E. *f. d. avec les prix.*

285 Catalogue raifonné de Bijoux, Porcelaines, &c. par le même. *Paris*, 1747. *in-12.* V. E. *f. d. avec les prix.*

286 Catalogue raifonné des Tableaux, Sculptures, tant de Marbre que de Bronze, Defleins & Eftampes du cabinet de M. le Duc de Tallard, par les fieurs Remy & Glomy. *Paris*, 1756. *in-12.* V. F. *d. f. t. avec les prix* = *double.*

287 Catalogue raifonné des Tableaux, Defleins & Eftampes du cabinet de M. de Jullienne, par Pier. Remy. *Paris*, 1767. *in-12.* V. E. *f. d.* = *double, avec les prix.*

MEDECINE ET CHIRURGIE.

288 Œuvres d'Hippocrate , trad. en françois ,
avec des Remarques , par André Dacier. *Paris,*
1697. 2 *vol. in-*12. M. R. *lav. régl.*

289 Méthode pour guérir toutes fortes de fiévres,
par le fieur Helvetius. *Paris, Oudot ,* 1694. *in-*
12. M. R.

290 Méthode naturelle de guérir les maladies du
corps & les déréglemens de l'efprit qui en dépendent, trad. de l'Anglois de M. Cheyne , par
M. de la Chapelle. *Paris , Quillau ,* 1749. 2 *vol.*
*in-*12. M. R.

291 L'Art de conferver fa fanté , compofé par
l'Ecole de Salerne, avec la traduction en vers
françois , par B. L. M. *Paris , le Prieur ,* 1749.
*in-*12. M. C.

292 Remedes contre la pefte , par M. A. Helvetius. *Paris , le Mercier ,* 1721. *in-*12. M. R.

MATHEMATIQUES, ASTRONOMIE, ASTROLOGIE, GNOMONIQUE, &c.

293 Les Comptes faits , ou le Tarif général de
toutes les Monnoies , par M. Barême. *Paris ,*
Didot , 1755. *in-*12. M. R.

294 Aftronomie Nautique , ou Elémens d'Aftronomie , tant pour un Obfervatoire fixe que
pour un Obfervatoire mobile, par M. de Maupertuis. *Paris , Imprim. Royale ,* 1743. *in-*8. V.
M. *d. f. t.*

295 Penfées diverfes , écrites à un Docteur de
Sorbonne à l'occafion de la Comete qui parut
au mois de Décembre 1680. *Rotterdam , Leers ,*
1699. 4 *vol. in-*12. M. R.

296 Lettre fur la Comète. *Paris ,* 1742. *in-*12. M. R.

E

34 SCIENCES ET ARTS.

297 Les vrais Centuries & Prophéties de Maître Michel Noſtradamus, avec la vie de l'Auteur. *Amſterdam, Janſſon, 1668. in-12.* M. B.

298 Traité des moyens de rendre les Rivieres navigables. *Paris, Michallet, 1693. in-8. fig.* M. R.

299 Traité d'Horlogerie, contenant tout ce qui eſt néceſſaire pour bien régler les pendules & les montres, ornées de XVII planches gravées en taille-douce, par M. J. A. Lepautre. *Paris, Chardon, 1755. in-4.* G. F. V. F. d. ſ. t.

ARTS.

Arts de la Peinture, de l'Architecture, &c.

300 L'Art de peindre, Poëme, avec des Réflexions ſur les différentes parties de la Peinture, par M. Claude-Henri Watelet. *Paris, Delatour, 1760. in-4. fig.* M. R.

301 Eſſai ſur la Peinture, la Sculpture & l'Architecture (par M. Bachaumont) = Mémoires ſur le Louvre, avec les témoignages des Journaux. *Paris, 1751. in-8.* M. B. *dent. d'or.*

302 Obſervations ſur la Peinture & ſur les Tableaux anciens & modernes, par M. Gautier. *Paris, 1753. in-12.* M. R.

303 Des principes de l'Architecture, de la Sculpture, de la Peinture & des autres Arts qui en dépendent, avec un Dictionnaire des termes propres à chacun de ces Arts, par André Félibien. *Paris, Coignard, 1676. in-4. fig.* M. R.

304 Les dix Livres de l'Architecture de Vitruve, corrigés & trad. du Latin, avec des Notes, par Charles Perrault, 11e. édit. augmentée. *Paris, Coignard, 1684. in-fol. fig.* M. R. *lav. régl.*

305 De la Théorie de la Manœuvre des Vaiſſeaux. *Paris, Michallet, 1689. in-8. fig.* M. R.

Art Militaire

306 L'Art de la Guerre, par Nic. Machiavel.
Amsterdam, Desbordes, 1693. *in*-12. v. M. d. f. t.

307 De l'Attaque & de la Défense des Places,
par M. de Vauban. *La Haye, de Hondt.* 1737.
2 *vol. in*-4. G. P. *fig.* M. B.

308 Les Stratagêmes de Frontin, trad. en françois par Nic. Perrot, Sieur d'Ablancourt. *Paris, Billaine,* 1664. *in*-12.

Art Pyrotechnique ou du Feu, & Art de la Verrerie.

309 Mémoires d'Artillerie, recueillis par M. Su-
rirey de Saint-Remy. *Paris, Jombert,* 1745. 3
vol. in-4. *fig.* M. R.

310 Le Bombardier François,, ou nouvelle Méthode pour jetter les Bombes avec précision,
par M. Bélidor. *Paris, Imprim. Royale,* 1731.
in-4. *fig.* G. P. M. R.

311 Traité des Feux d'artifices pour les Spectacles, par M. Frezier. *Paris, Jombert,* 1747. *in*-
8. *fig. de forme in*-4. M. B.

312 Art de la Verrerie, de Neri, Merret & Kunc-
kel, auquel on a ajouté le *Sol sine veste* d'Ors-
chall, trad. de l'Allemand, par M. D***. *Paris, Durand,* 1752. *in*-4. *fig* G. P. M. R.

Art Gymnastique, où il est traité du manie-
ment des Chevaux.

313 Méthode & invention nouvelle de dresser les
Chevaux, par Guill. de Newcastle, Comte de
Cavendish, Ouvrage décoré d'un grand nom-
bre de figures gravées en taille-douce par les

plus habiles Maîtres. *Anvers , J. Van-Meurs ;*
165 . in-fol. G. P. M. C.

Bel Exemplaire bien conservé , & conforme à ce qui en
est dit dans la Bibliograph. instruct. n°. 2165.

314 Ecole de Cavalerie , contenant la connois-
fance, l'instruction & la conservatiou du Che-
val , par M. Franç. Robichon de la Gueriniere.
Paris , Colombat , 1733. in-fol. fig. V. M. d. f. t.

315 Ecole de Cavalerie , par le même. *Paris ,*
Guerin, 1736. 2 vol. in-8. fig. M. R.

Traités des Jeux d'Exercices ou de divertif-
fement.

316 L'Art de Nager , par Jean-Frédéric Bachs-
trom. *Amst. Chatelain, 1741. in-8.* M. R.

317 L'Art de Nager, démontré par figures , avec
des avis pour fe baigner utilement, par M. The-
venot. *Paris , Moette, 1696. in-12.* M. R.

318 Le Jeu de l'Hombre , augmenté des déci-
fions nouvelles fur les difficultés de ce Jeu. *Pa-*
ris , Ribou , 1709. in-12. V. B. d. f. t.

319 Le grand Trictrac, pour apprendre fans maître la marche & les termes de ce Jeu , enrichi
de 270 figures. *Avignon , 1738. in-8.* V. F.

BELLES-LETTRES.

Grammaires & Dictionnaires.

320 De la maniere d'enseigner & d'étudier les Belles-Lettres, par M. Charles Rollin. *Paris , Etienne ,* 1740. *2 vol. in-*4. G. P. M. R.

321 Grammaire générale & raisonnée, contenant les fondemens de l'art de parler, les raisons de ce qui est commun à toutes les langues, & de leurs principales différences ; & plus. Remarq. sur la Langue Françoise ; (par Ant. Arnauld & Cl. Lancelot ; plus une méthode abrégée des Langues Espagnole & Italienne. *Paris, le Petit,* 1676. *in-*12. M. R.

322 Traité de la Grammaire Françoise, par M. l'Abbé Regnier-Desmarais. *Paris , Coignard,* 1705, *in-*4. G. P. M. R.

323 Doutes sur la Langue Françoise. *Paris, Cramoisy ,* 1665. *in* 12. M. R.

324 Remarques nouvelles sur la Langue Françoise, par le P. Bouhours. *Paris , Josse,* 1692. *2 vol. in-*12. M. R.

325 Dictionnaire de l'Académie Françoise. *Paris , Coignard ,* 1740. *3 vol. in-fol.* V. M. *f. d*

326 Dictionnaire Universel, François & Latin , vulgairement appellé le Diction. de Trevoux. *Paris,* 1743. *7 vol. in-fol.* V. M. *f. d.*

327 Dictionnaire Comique, Satyrique, Critique Libre & Proverbial , par M. Philibert-Joseph le Roux. *Amst.* (*Paris*) 1750. *in* 8. G. P. M. B.

RHETORIQUE.

Rhéteurs & Orateurs.

328 Œuvres de Jacques de Tourreil, contenant les Philippiques & autres Harangues de Démofthène & d'Eschine, trad. avec des Remarques. & ses autres Œuvres diverses, nouv. édit. avec une Préface, par les soins de Guill. Massieu. *Paris, Brunet, 1721. 2 vol. in-4.* M. R. *lav. regl.*

329 M. Tullii Ciceronis Opera quæ extant omnia, cum delectu commentariorum, curâ & studio Abbatis Josephi Oliveti. *Paris. Coignard, 1740 & ann. seqq. 9 vol. in-4.* C. Max. M, R.

Exemplar elegans & nitidum.

330 M. Tullii Ciceronis Opera, cum optimis exemplaribus collata. *Lugd. Bat. Elzevir, 1642. 11 vol. in-12.*

Cet Exemplaire est de la plus grande beauté, il est grand de marge & relié en maroquin bleu du Levant, lavé, réglé, & doublé de tabis, avec une belle dentelle d'or ; & il est conforme, à ce qu'en dit M. Debure jeune dans sa Bibliographie, n°. 2371 au sujet des deux éditions des *Offices,* qui se trouvent joints à cet Exemplaire.

331 Les Offices de Ciceron, trad. en françois sur l'édit. lat. de Grævius, avec des Notes, par M. Dubois. *Paris, Coignard, 1691. in-8.* M. R. *lav. régl.*

332 Les Livres de Ciceron de la Vieillesse & de l'Amitié, trad. en franç. sur l'édit. lat. de Grævius, avec des Notes, par le même. *Paris, Coignard, 1691. in 8.* M. R. *lav. régl.*

333 Conciones & Orationes ex Historicis latinis Excerptæ. *Lugd. Bat. ex Typ. Elzeviriana, 1649. in-12.* M. R.

334 Oraifon Funébre du Prince Louis-Philippe Duc d'Orléans, prononcée en 1752 par le P. Bernard. *Paris, Simon, 1752. in-4.* G. P. M. N.

335 Oraifon Funèbre du Cardinal de Fleury, prononcée par le R. P. de Neuville. *Paris, Coignard, 1743. in-4.* G. P. M. N.

POETES GRECS.

Ouvrages des Poëtes Grecs.

336 L'Iliade & l'Odyffée d'Homere, nouvelle traduction (par le fieur de la Valterie) jolie édition, avec des figures inventées & gravées par Schoonebeck (*Hollande*) 1682. 4 *vol. in-*12. M. R.

337 Les mêmes, trad. en françois, avec des Remarques, par Mad. Dacier. *Paris, Rigaud, 1711* & 1716. 6 *vol. in-*12. M. R.

338 Les mêmes, avec une Differtation fur la durée du fiége de Troye, par M. l'Abbé Banier, avec les figures de B. Picart. *Amfterdam, Wetfteins, 1731. 7 vol. in-*12. M. R.

339 Hefiodi quæ extant, gr. & lat. cum Notis felectiffimis, & indice Georgii Pafloris. *Lugd. Bat. Haack. 1650. in-*8. M. R. *lav. régl.*

340 Les Poéfies d'Anacréon & de Sapho en Grec, avec la trad. en vers françois & des Remarques, par Hilaire-Bern. de Requeleyne, Baron de Longepierre. *Paris, Emery, 1684. in-*12. M. R. *lav. régl.*

341 Les Odes d'Anacréon & de Sapho, avec la trad. en vers françois, des Remarq. & une Préface, par le Poëte Sans-Fard (Franç. Gacon.) *Amfterdam, Fritsch, 1712. in-*12. M. R. *lav. régl.*

342 L'Œdipe & l'Electre de Sophocle, Tragédies Grecques, trad en françois, avec des Remarq. *Paris, 1692. in-*12. V. F.

343 Euripidis Tragœdiæ XIX. curâ & studio Guliel. Canteri. *Antuerpiæ, Plantin*, 1571. *in* 12. M. R.

344 Theocriti, Moschi, Bionis & Simmii quæ extant, Gr. & Lat. cum Græcis in Theocritum Scholiis & indice: accedunt Jos. Scaligeri, I. Casauboni & Dan. Heinsii Notæ & Lectiones; edente eodem Heinsio, *ex Bibliop. Commelin.* 1604. *in*-4. M. R. *lav. régl.*

345 Les Idylles de Théocrite, trad. en vers françois, avec le Texte Grec, & des Remarques par M. de Longepierre. *Paris, Aubouin*, 1688. *in*-12. M. R. *lav. régl.*

346 Les Idylles de Bion & de Moschus, trad. en vers françois, avec le Texte Grec & des Remarques (par le même) avec quelques Idylles du Traducteur. *Paris, Aubouin*, 1686. *in*-12. M. B. *lav. régl.*

347 Pindari Olympia, Pythia, Nemea & Isthmia Gr. & Lat. ex versione partim solutâ oratione, partim versu compositâ. *Antuerp. Plantin*, 1567. *in*-16. M. R. *lav. régl.*

348 Le Jardin des Racines Grecques, trad. en vers françois, avec le Texte à côté (par MM. Lancelot, Arnauld & autres. *Paris, le Petit*, 1664. *in*-12. M. R.

349 Le Théâtre des Grecs, par le R. P. Pierre Brumoy. *Paris, Rollin*, 1730. 3 *vol. in*-4. G. P. M. B.

Poëtes Latins anciens.

350 Terentii Comœdiæ sex, ex recensione Heinsiana. *Amstelodami, ex Offic. Elzeviriana*, 1661. *in*-12. M. R. *lav. régl.*

351 Eædem, ad optimorum exemplarium fidem recensitæ, cum variis lection. *Lond. Knapton & Sandby*, 1751. 2 *vol. in*-8. C. M. M. B. *doubl. de tabis dent. d'or. lav. régl.*

353 Les Comédies de Terence, en Latin & en
François, avec des Remarques, par M. Dacier.
Nouvelle Edition, ornée de figures en taille-
douce, gravées par Bern. Picart. *Rotterdam*,
Fritsch, 1717. 3 vol. *in-8*. G. P. M. C.

Bonne Edition, rare.

354 Œuvres de Lucrece, trad. en François, avec
des Remarques, par M. le Baron des Coutures.
Paris, Guillyn, 1692. 2. vol. *in-12*. M. R. *lav. régl.*

355 Anti-Lucretius, Poëma Melch. Card. de Po-
lignac; five de Deo & Naturâ Libri IX. Stud.
Abbatis Caroli de Rothelin editum. *Parisiis*,
Guerin, 1747. 2 vol. *in-8*. M. R.

356 L'Anti-Lucrece, Poëme fur la Religion naturelle, par le Card. de Polignac, trad. en François, par Jean-Pier. de Bougainville. *Paris*,
Desaint, 1749. 2 vol. *in-8*. V. F. d. f. t.

357 Publii Virgilii Maronis Opera, illuftrata,
ornata, & accuratiffimè impreffa, cum figuris
æneis. *Londini, Knapton & Sandby*, 1750. 2 vol.
in-8. C. M. M. B. *doubl. de tabis, dent. d'or, lav.*
régl. Cum verfuum per cifras diftinctione atque præfat. critica
& tabulis alphabeticis.

358 Les Œuvres de Virgile trad. en François, le
texte vis-à-vis la traduction, ornées de figures
en taille-douce, avec des Remarques, par
M. l'Abbé des Fontaines. *Paris, Quillau*, 1743.
4 vol. *in-8*. *fig.* G. P. M. R.

359 Traduction de l'Eneïde de Virgile, par
M. Jean Renaud de Segrais. *Paris, Thierry*,
1668. *in-4*. M. R. *lav. régl.*

360 Horatii Opera, cum notis Dan. Heinfii. *Lugd.*
Bat. ex off. Elzev. 1629. *in-12*. M. B. *lav. régl.*

361 Eadem, cum Notis Joan. Bond. *Amftelo-*
dami, Dan. Elzev. 1676. *in-12*. M. R.

362 Eadem. *Parisiis, è Typog. Regia*, 1732. *in-24*.
M. R.

F

BELLES-LETTRES.

363 Eadem, æneis tabulis incidit Johannes Pine; cum iconibus & aliis ornamentis. *Londini*, 1733 & 1737. 2 vol. *in-8. formâ majori.* M. B. *dent. d'or, doub. de tabis, lav. régl. Editio primaria.*

364 Eadem, figuris æneis elegantissimis adornata. *Londini, Knapton & Sandby*, 1749. 2 vol. *in-8.* C. M. M. B. *doubl. de tabis, dent. d'or, lav. régl.*

365 Les Poësies d'Horace, trad. en François, avec le texte à côté, par M. le Batteux. *Paris, Desaint*, 1750. 2 vol. *in-12.* M. R.

366 Les Métamorphoses d'Ovide, en Latin & en François, avec des Remarques & des Explications historiques, données par l'Abbé Ant. Banier, & des figures gravées en taille-douce, par Bern. Picart & autres habiles Maîtres. *Amsterdam, Westein*, 1732. 2 *tom. un vol. in-fol.* M. R.

Cet Exemplaire est grand papier, approchant de la forme d'atlas, & très-rare de ce format; les épreuves sont de toute beauté. *V. la Bibliogr. instruct.* n°. 2764.

367 Les mêmes, figurées. *Lyon, de Tournes*, 1557. *in-4.* M. R.

368 Les mêmes, mises en Rondeaux par M. de Benserade, ornées de figures gravées en taille-douce, par Sebastien le Clerc. *Paris, Impr. Royale*, 1676. *in-4.* M. R. *lav. régl.*

Poëtes Macaroniques.

369 Histoire Macaronique de Merlin Coccaïe, (Théoph. Folengi,) Prototype de Rabelais, traduite en François.= Plus, l'horrible bataille des Mouches & des Fourmis. *Paris, du Bray*, 1606. *in-12.* M. R.

Poëtes François, premier âge, jusqu'à Clément Marot.

370 Le Roman de la Rose. *Paris, Gailliot du Pré*, 1529. *in-8. fig.* M. B. *lav. régl. lettres rondes & ornées de jolies figures gravées en bois.*

371 Le Roman des trois Pélérinages, composé en Ryme Françoise, par Guillaume Déguileville, Moine de l'Abbaye de Chaalis, MSS. sur velin en lettres gothiques, avec des Miniatures singulieres. *in-4.* M. R.

372 Les Œuvres de Guill. Coquillart. = La Farce de Pier. Pathelin. = Les Œuvres de François Villon. = Les Poësies de Martial de Paris, dit d'Auvergne. = La Légende de Pier. Faifeu, mise en vers par Charl. Bourdigné. = Les Poësies de Guill. Cretin. = Les Œuvres de Jean Marot. = Les Œuvres de M. Honorat de Beuil, Chev. Seig. de Racan. *Paris, Couſtelier*, 1723 & 1724. 10 *vol. in-8.* V. F. *f. d.*

373 Le Séjour d'honneur, composé par Révérend Pere en Dieu Meſſire Octavien de Sainct Gelaiz, Evêque d'Angoulesme sous Charl. VIII. *Paris, Ant. Vérard*, 1519. *in-8.* V. M. *lav. régl.*

374 Le Château de Labour, auquel eſt contenu l'adreſſe de Richeſſe & Chemin de pauvreté, avec les faintiſes du monde en Ryme Françoiſe. *Paris, Galliot du Pré*, 1532. *in-16.* M. R. *Lettres rondes.*

375 La Danſe aux Aveugles & autres Poësies du XVe. ſiecle, par Pier. Michault, *nouv. Edit. Amſt.* (*Paris*) 1749. *in-12.* V. F. *d. ſ. t.*

Poëtes François, second âge, depuis Clément Marot jusqu'à Malherbe.

376 L'Adolescence Clémentine, autrement les Œuvres de Clément Marot. *Anvers, Jehan Steels*, 1539. *in-8.* M. R.

377 Les Œuvres de Clément Marot. *La Haye, Moetjens*, 1700. 2 *vol. in-12.* M. R.

378 Les Œuvres de Clément Marot, revues & augmentées sur plusieurs MSS. avec les Œuvres de Jean & Michel Marot, & les Pieces diverses du différend de Clément Marot avec François Sagon ; le tout orné d'une Préface & de Notes historiques & critiques, par l'Abbé Nic. Lenglet du Fresnoy. *La Haye, Gosse, (Paris)* 1731. 4 *vol. in-4.* G. P. M. R. dent. d'or, doubl. de tabis.

379 Œuvres Poëtiques de Mellin de S. Gelais. *Lyon, de Harsy*, 1574. *in-12.* M. C. lav. régl.

380 Les mêmes. *Paris*, 1719. *in-12.* V. F. f. d.

381 Les Satyres & autres Œuvres du sieur Regnier. *Leiden, Jean & Dan. Elsevier*, 1652. *in-12.* M. R.

382 Les mêmes, avec les Remarques de Claude Brossette. *Londres*, 1729. *in-4.* V. F d. f. t.

383 Les mêmes. *Londres, Tonson*, 1733. *in-fol.* M. R. Edition ornée de cadres imprimés en rouge.

Poëtes François, troisieme âge, depuis Malherbe jusqu'à présent.

384 Poésies de Malherbe, avec les Observations de Ménage. *Paris, Brunet*, 1698. *in-12.* M. C.

385 Les mêmes, avec les Observations de M. Ménage & les Remarques de M. Chevreau. *Paris, Coustellier.* 1722. 3 *vol. in-12.* V. F. d. f. t.

386 Les mêmes. *Paris, Barbou,* 1757. *in-8.* G. P.
M. R.

387 Les nouvelles Œuvres de M. le Pays. *Paris,
Barbin,* 1672. 2 *vol. in-12.* V. B. *d. f. t.*

388 Fables choisies, mises en vers, par M. de la
Fontaine. *Anvers, Van-dunewalt,* 1688. 2 *tom.*
1 *vol. in-8. fig.* M. R.

389 Les mêmes, ornées de belles figures en taille-
douce, gravées sur les desseins de M. Oudry.
Paris, Desaint, 1755 & *ann. suiv.* 4 *vol. in-fol.*
pap. Impérial, M. V. *dent. d'or.*

Les Epreuves de cet Exemplaire ont été choisies avec tout
le soin possible.

390 Œuvres diverses du même. *Amsterdam,* 1762.
2 *vol. in-8. fig.* M. C. *à compart. doublé de tabis,*
premieres épreuves.

391 Les Œuvres de Jean de la Fontaine. *Anvers,*
(*Paris*) 1726. 3 *vol. in-4.* M. B.

392 Poëme du Quinquina & autres Œuvres, en
vers, par le même. *Paris, Thierry,* 1682, 2 *vol.*
in-12. M. R. *lav. régl.*

393 Œuvres diverses de MM. Maucroy & de la
Fontaine. *Paris, Barbin,* 1685. 2 *vol. in-12.*
M. R. = *double.*

394 Les Œuvres de Nicolas Boileau Despréaux,
avec des Eclaircissemens historiques donnés par
lui-même, & des Remarques par Claude Brossette ; Edition ornée de figures & de cul-de-
lampes, gravés par Bernard Picart. *Amsterdam,*
Mortier, 1718. 2 *vol. in-fol. premiere Edition,*
M. R. *doubl. de* M. C. *dent. d'or.*

395 Les mêmes, ornées de figures, vignettes &
cul-de-lampes, gravés par le même. *La Haye,*
Vaillant, 1722. 4 *vol. in-12.* M. C. *prem. Edition.*

396 Les Œuvres poétiques du même. *Paris, Du-*
rand, 1752. *in-12.* M. R.

397 Satyres de M. le Prince Cantemir, avec l'hif-

toire de sa vie, trad. en François. *Londres, Nourse,* 1749. *in-*12. M. R.

398 Œuvres d'Etienne Pavillon. *Amst.* (*Paris*) 1750. 2 *vol. in-*12. M. R.

399 Œuvres diverses de M. L. de Chaulieu. *Amst. Chatelain,* 1733. 2 *tom.* I *vol. in-*8. G. P. M. R.

400 Poésies de Madame Deshoulieres. *Paris,* 1694. *in-*8. M. R.

401 Les mêmes. *Paris, Villette,* 1707, 2 *vol. iu-*8. V. F. *s. d.*

402 La Religion, Poëme, par M. Racine. *Paris, Coignard,* 1742. *in-*4. M. R.

403 La Grace, Poëme, par le même. *in-*8. V. F. *d. s. t.*

404 La Religion & la Grace, Poëmes, par le même. *Amst. Bernard,* 1744. *in-*12. V. E. *s. d. s. t.*

405 Les Lamentations de Jérémie, Odes, par M. d'Arnaud. *Dresde,* 1752. *in-*4. M. B.

406 Noei Bourguignon de Gui Barôzai; (Noëls Bourguignons, IVe. Edition, avec un Glossaire très-ample, par Bernard de la Monnoye.) *Dijon,* 1720. *in-*8. M. R.

L'on a joint à cet Exemplaire la musique notée à chaque air.

407 Fables nouvelles, dédiées au Roi, par Ant. Houdart de la Motte, avec un Discours sur la Fable, & des figures gravées en taille-douce. *Paris,* 1719. *in-*4. *de grand format.* M. R. *à compart. lav. régl.*

408 Les Œuvres de Jean-Bapt. Rousseau, nouv. Edit. revue, corrigée & augmentée sur les Manuscrits de l'Auteur, & donnée par les soins de M. Seguy. *Brux.* (*Paris*) 1743. 3 *vol. in-*4. *de grand format.* M. B.

409 Anti - Rousseau, par le Poëte sans fard, (Franç. Gacon.) *Rotterdam, Fritsch,* 1712. *in-*12. *fig.* M. R.

410 La Henriade, Poëme-Epique, par M. Franç.
Marie Arrouët de Voltaire, ornée de figures,
vignettes & cul-de-lampes. *Londres*, 1728. *in*-4. 21
de grand format, M. R. *lav. régl.*

411 Poésies sacrées, dédiées à Mesdames de
France, par M. l'Ab. S... *Paris*, 1751. *in*-12. 2
M. R.

Recueils de Poësies Françoises.

412 Les Ornements de la mémoire, ou les Traits
brillans des Poëtes François les plus célébres,
avec des Dissertations sur chaque genre de style,
pour perfectionner la jeunesse. *Paris*, *Didot*,
1749. *in*-12. V. F. *d. s. t.* 1

413 La Rome ridicule de M. de S. Amant, *Paris*, 1
1661. *in*-12. V. B.

414 Recueil de quelques Pieces nouvelles & ga-
lantes, tant en prose qu'en vers. *Cologne*, *Pier.*
Marteau, 1667. *in*-12. M. R. 2

415 Recueil de Pieces ga'antes, en prose & en
vers de Mad. la Comtesse de la Suze, & de
M. Pelisson. *Paris*, 1698, 2 *vol. in*-12. V. B. 5
d. s. t.

416 Recueil de Vers choisis. *Paris*, *Josse*, 1701. 2
in-12. M. R.

417 Madrigaux de M. D. L. S. (Nicolas de Rambouillet, Sr. de la Sabliere.) *Paris*, *Barbin*, 2
1680. *in*-12. M. R.

418 Recueil de Chansons choisies de M. Coulange. 4
Paris, *Benard*, 1698, 2 *vol. in*-12. V. F. *f. d.*

Poëtes Dramatiques François.

419 Œuvres de P. &. T. Corneille. *Paris*, *David*, 30
1706. 10 *vol. in*-12. M. R.

420 Théâtre de P. Corneille, avec des Com-

mentaires, par M. de Voltaire. (*Paris*,) 1764. 12. *vol. in*-8. *fig.* M. R.

421 Les Chef-d'Œuvres de Pier. Corneille; sçavoir, le Cid, Horace, Cinna, Polyeucte, Pompé, Rodogune, avec le jugement des Sçavans à la suite de chaque Piece, recueillis par M. J. G. Dupré. *Oxford, Fletcher*, 1746. *in*-8. M. C.

422 Œuvres de Jean-Baptiste Pocquelin de Moliere, ornées de figures gravées en taille-douce. *Paris*, 1734. 6 *vol. in*-4. M. C. I^e. *Edit.* = double.

423 Les mêmes. *La Haye, Husson*, 1735. 4 *vol. in*-12. M. R.

424 Œuvres de M. J. Racine. *Paris, Traboüillet*, 1697. 2 *vol. in*-12. *fig.* M. R. *dent. d'or.*

425 Les mêmes, ornées de figures gravées en taille-douce. *Londres, Tonson*, 1723. 2 *vol. in*-4. M. C.

426 Les mêmes. *Londres, Tonson*, 1723. 2 *vol. in*-4. *fig.* V. F. *d. s. t.*

427 Les mêmes, avec des Remarques. *Amsterd. Bernard*, 1743. 3 *vol. in*-12. *fig.* V. E. *f. d. s. t.*

428 Choix des meilleures Pieces de Théâtre de MM. Corneille, Moliere, Racine, Pradon, Campistron, la Grange, Crebillon, &c. 9 *vol. in*-12. M. R. *lav. régl.*

429 Les Œuvres de M. Palaprat. *Paris, Briasson*, 1735. *in*-12. V. F. *d. s. t.*

430 Les Œuvres de M. Regnard. *La Haye, Moetjens*, 1729. 2 *vol. in*-12. V. F. *d. s. t.*

431 Œuvres de Théâtre de M. Nivelle de la Chaussée. *Paris, Prault*, 1741. 3 *vol. in*-12. M. R.

432 Théâtre & Œuvres diverses de M. de Morand. *Paris. Jorry*, 1751. 3 *vol. in*-12 M. B.

433 Adele, Comtesse de Ponthieu, Tragédie, par M. de la Place. *Par. Jorry*, 1758. *in*-12. M. R.

434 La Mérope Françoise, Tragédie, par M. Arrouët de Voltaire. *Paris*, 1744. *in*-8. V. F.

435

435 Amalazonte, Tragédie, par M. le Marquis
de Ximenès. *Paris, Jorry, 1755. in-8.* M. B.
doub. de tabis.

436 Tancrede, Tragédie, en vers croifés & en
cinq Actes, par M. Franç. Marie Arrouët de
Voltaire. *Paris, Prault, 1761. in-8.* M. R.
doublé de tabis.

437 La Vérité fabulifte, Comédie, par M. de
Launay. *Rouen, 1732. in-12.* M. R.

438 Cénie, Comédie en V. Actes, par Mad. de
Grafigny. *Paris, Cailleau, 1751. in-12.* M. R.

439 Soliman fecond, Comédie en vers, par
M. Favart. *Paris, Duchefne, 1762. in-8.* M. R.

440 L'Anglois à Bordeaux, Comédie, par le même. *Paris, Duchefne, 170.. in-8.* M. R.

441 Dupuis & Defronais, Comédie, par M. Col-
lé. *Paris, Duchefne, 1763. in-8.* M. C.

442 Théâtre des Boulevards, ou Recueil de Pa-
rades. *Paris, 1756. 3 vol. in-12.* M. C.

443 Spectacles donnés à Fontainebleau, pendant
le féjour de Leurs Majeftés en 1754. *Paris,
Ballard, in-4. gr. pap.* M. R.

444 Journal des Spectacles repréfentés devant
Leurs Majeftés fur les Théâtres de Choify,
Fontainebleau & Verfailles, en 1763. *Paris,
Ballard, 1763. 2 vol. in-8.* M. B. & M. C.

Théâtre Italien.

445 Hiftoire du Théâtre Italien, avec des figures
qui repréfentent leurs différens habillemens,
par Louis Ricoboni. *Paris, Cailleau, 1730. 2 vol.
in-8.* V. F. d. f. t.

446 Table alphabétique & chronologique des
Piéces repréfentées fur l'ancien Théâtre Italien,
depuis fon établiffement jufqu'en 1697. qu'il a
été fermé, par M. Dugerard. *Paris, Prault, 1750.
in-8.* M. R.

447 Le Théâtre Italien, par Gherardi. *Paris, Cuſ-
ſon,* 1700. 6 vol. in-12. fig. V. B.

Poëtes Italiens & Anglois.

448 Roland-Furieux, poëme héroïque de l'A-
rioſte, trad. nouv. par M. Jean-Bapt. de Mi-
rabeau. *La Haye, (Paris, Barrois,)* 1741. 4 vol.
in-8. V. F. d. ſ. t.

449 Jéruſalem délivrée, Poëme héroïque du Taſſe,
trad. en François par le même. *Paris, Barrois,* 1752. 2 vol. in-12. M. V.

450 La Secchia Rapita, del Signore Aleſſandro
Taſſoni ; avec la Traduction Françoiſe à côté
du Texte, par Pier. Perrault. *Paris, de Luyne,*
1678. 2 vol. in-12. M. R.

451 Eſſai ſur l'Homme, par M. Pope, trad. de
l'Anglois par M. de Silhouet. *(Paris,)* 1736.
in-12. V. F. ſ. d.

452 Le même, nouv. Edition, avec le texte Anglois, orné de figures en taille-douce. *Lauſanne
& Geneve, Bouſquet,* 1745. in-4. G. P. M. R.

453 Œuvres diverſes de M. Alex. Pope, trad. de
l'Anglois. *Amſterdam, Merkus,* 1754. 6 vol.
in-12. fig. M. R.

Mythologie & Fables.

454 Le Temple des Muſes, où ſont repréſentés
les Evénemens les plus remarquables de l'Antiquité fabuleuſe, en XL Tableaux, gravés en
taille-douce par B. Picart, avec des Explications & des Remarques hiſtoriques. *Amſterdam,
Châtelain,* 1733. grand in-folio. M. R. = double.

455 Phædri Fabulæ & Publii Syri Sententiæ. *Pa-
riſiis, ex Typog. Regiâ,* 1729. in-24. M. R.

Poësie Prosaïque ou Facétie, Plaisanterie, Contes, Nouvelles & Romans.

456 Œuvres de Me. François Rabelais, nouv. Edit. avec des Remarques historiques & critiques, (par MM. le Duchat & de la Monnoye.) Amst. Desbordes, 1711. 5 vol. in-8. fig. G. P. M. R.

457 Les mêmes. Amsterdam, Bernard, 1741. 3 vol. in-4. G. P. fig. de B. Picart. M. R.

458 Le Tiers & le Quart, Livre des Faicts & Dicts du bon Pentagruel, composés par Me. Franç. Rabelais. Paris, Fezandat, 1552. 2 vol. in-8. M. C. lav. régl.

459 Les Nuits de Jean-François Straparole, trad. de l'Italien en François par Jean Louveau & Pier. de la Rivez, revues & corrigées, avec une Préface, par M. de la Monnoye. Paris, 1725. 2 vol. in-12. V. F. fo d.

460 Les Contes & Discours d'Eutrapel, avec les Discours d'aucuns Propos rustiques, facecieux & de singuliere Récréation, ou les Ruses & Finesses de Ragot, Capitaine des Gueux, par Noël du Fail, Seig. de la Herissaye. Paris, 1732. 3 vol. in-12. V. F. d. f. t.

461 Les Discours fantastiques de Justin Tonnelier, composés en Italien par Jean-Bapt. Gelli, trad. en Franç. par C. D. K. P. Lyon, 1566. in-8. M. R.

462 Formulaire fort récréatif de tous les Contrats, Donations, Testaments, Codicilles & autres Actes qui sont faits & passés par devant Notaires & Témoins, fait par Bredin le Cocu, Notaire-Rural. Lyon, Rigaud, 1610. in-16. M. V. *

463 Les Arrêts d'Amours avec l'Amant rendu Cordelier à l'Observance d'Amour, par Martial d'Auvergne, dit de Paris, accomp. des Com-

G ij

ment. juridiques & joyeux de Benoît de Court, avec le Glossaire. *Amsterdam, Changuion*, 1731. *in*-12. V. M *f. d.*

464 De la Beauté, Discours divers, avec la Paulégraphie, c'est-à-dire, la Description des Beautés corporelles d'une Dame Tholosaine, nommée la Belle Paule, par Gabriel de Mynut. *Lyon, Honorat*, 1587. *in* 8.

465 Les Quinze Joyes du Mariage, ou la Nasse, dans laquelle sont dépeintes plusieurs personnes de notre temps, par Franç. Rosset. *Paris, Boutonné*, 1620. *in*-12. M. V.

466 Les Serées de Guillaume du Bouchet, Sr. de Brocourt, contenant diverses matieres fort récréatives, utiles & profitables aux Personnes mélancoliques & joviales. *Lyon, Rigaud*, 1618. 3 *vol. in*-8. M. R.

467 Les Etrennes de la Saint Jean, 11e. Edit. augmentée de plusieurs morceaux d'Esprit. *Troyes, Ve. Oudot, (Paris)* 1742. *in*-12. G. P. M. R.

468 Les Ecosseuses ou les Œufs de Pâques. *Troyes, Ve. Oudot*, 1745. *in*-12. M. B.

469 Les Chats, par M. de Moncrif. *Paris, Quillau*, 1727. *in*-8. *fig.* M. R.

470 Mémoires de l'Académie des Sciences, Inscriptions, Belles Lettres, Beaux-Arts, &c. établie à Troyes. *Liége, Barnabé*, 1744. *in* 8. M. V.

471

472 Les Manteaux, Recueil. *La Haye, (Paris)* 1746. *in*-8. *gr. pap.* M. R.

473 Essais sur la nécessité & sur les moyens de plaire, par M. Auguft. Paradis de Moncrif. *Paris, Prault*, 1738. *in*-8. G. P. M. R.

474 Le Diable Boiteux, par M. le Sage, avec les

Additions de M. ***. *Paris, Damonneville*, 36ᵐ
1756. 3 *vol. in-12. fig. gr. pap.* M. R.

Contes & Nouvelles.

475 Le Decameron de Jean Boccace, trad. de
l'Italien en François, nouvelle Edition, ornée
de figures gravées en taille-douce d'après les
deffeins de M. Gravelot. *Lond. (Paris)* 1757.
5 *vol. in-8.* G. P. M. B. *dent. d'or, lav. régl.*   96ᵐ

Les Epreuves font belles & choifies avec foin.

476 Contes & Nouvelles de Boccace, enrichis
de figures en taille-douce grav. par M. Romain
de Hooge. *Amfterdam, Gallet*, 1699. 2 *vol.*   25ᵗ
in-8. M. B.

477 Les Cent Nouvelles Nouvelles, contenant
les cent Hiftoires nouveaux qui font moult
plaifans à raconter en toutes bonnes compa-
gnies, avec des figures en taille-douce grav. fur
les deffeins de R. de Hooge. *Cologne, Gaillard*,   24ᵗ
1701. 2. *vol. in-8.* M. B.

478 Contes & Nouvelles de Marguerite de Va-
lois, Reine de Navarre, enrichis de figures en   24ᵗ
taille-douce. *Amfterdam, Gallet*, 1700. 2 *vol.*
in-8. M. B.

ROMANS.

Romans d'Amour, Moraux & Allégoriques.

479 Traité de l'Origine des Romans, par M. Huet.
Paris, Moette, 1693. *in-12.* V. F. *d f. t.* = *double.*

480 De l'Ufage des Romans, où l'on fait voir
leur utilité & leurs différens caracteres, avec
une Bibliotheque des Romans, par M. C. Gordon de Percel. (Nic. Lenglet du Frefnoy.)
Amft. (Paris) 1734. 2 *vol. in-12.* V. F. *f. d.*

481 L'Histoire justifiée contre les Romans, par le même. *Amsterdam*, 1735. *in*-12. V. F. *f. d.*

482 Les Amours Pastorales de Daphnis & Chloë; trad. du Grec de Longin, en François, par Jacques Amyot: Ouvrage enrichi de figures en taille-douce, gravées par Benoît Audran, sur les Desseins de M. le Duc d'Orléans, Régent du Royaume. *Imprimé à Paris en* 1718. *in*-8. M. R.

483 Les mêmes. [*Paris*, 1745.] *in*-4. *fig.* M. C. à compart.

484 Les Amours d'Ismene & d'Ismenias, trad. du Grec d'Eustathius en François, par M. de Beauchamps. *La Haye*, [*Paris*] 1743. *in*-8. *fig.* M. R.

485 Les Affections de divers Amans.= Les Narrations d'Amour de Plutarche. *Paris*, 1743. *in*-8. V. M. *d. f. t.* (par Jean Fournier)

486 Amours de Theagénes & Chariclée. *Lond.* [*Paris*] 1743. 2 *vol. in*-8 *fig.* M. R. (par Beauchamps)

487 Hypnerotomachie, ou Discours du Songe de Poliphile, déduisant comme Amour le combat à l'occasion de Polia, trad. de l'Ital. en François par un Gentil-homme, & mis en lumiere par Ian Martin. *Paris, Keruer,* 1561. *in-fol.* M. V.

488 Questions diverses & Réponses d'icelles, divisées en III Livres, à sçavoir: Quest. d'Amour, Quest. Naturelles & Quest. Morales & Politiques, trad. du Tuscan en François. *Lyon,* 1570. *in*-12. M. B.

489 Les Amours de Sainfroid & d'Eulalie. *La Haye*, 1729. *in*-12. M. R.

490 Les Amours de Tibulle, par M. Jean de la Chappelle. *Paris, Delaune,* 1712. 3 *vol. in*-12. *fig.* V. M. *d f. t.*

491 Tarsis & Zelie, nouv. Edit. revue, corrigée & ornée de figures en taille-douce. *La Haye, Moetjens,* 1720. 3 *vol. in*-12. V. F. *f. d.*

BELLES-LETTRES.

492 Silvie, ornée de figures gravées d'après les desseins de M. Boucher. *Londres*, [*Paris*] 1743. in-8. V. M. d. s. t. =double.

493 Mémoires & Avantures d'un homme de Qualité qui s'est retiré du monde, par Ant. François Prevôt. *Paris, Martin*, 1728. 7 vol. in-12. V. F. s. d.

494 Histoire du Chevalier des Grieux & de Manon Lescaut, par le même. *Amst.* [*Paris*] 1753. 2 vol. in-12. fig. G. P. M. R.

495 La Princesse de Cleves. *Paris, Barbin*, 1689. 2 vol. in-12. M. R.

496 Lettres de la Marquise de M***. au Comte de R***. par M. Crebillon. [*Paris,*] 1739. 2 vol. in-12. M. R.

497

498 La Vie & les Avantures surprenantes de Robinson Crusoé, trad. de l'Anglois. *Amst. Chatelain*, 1720. 3 vol. in-12. fig. V. M. d. s. t.

499 Voyage de S. Cloud par Mer & par Terre. *La Haye*, [*Paris*] 1748. = Histoire de la Félicité. *Amst.* [*Paris*] 1751. =L'Art de Péter. *En Westphalie*, [*Paris*] 1751. = Histoire de Camouflet. *A Equivopolis*, [*Paris*] 1751. in-12. V. F. d. s. t.

500 Avantures du Sr. C. le Beau, ou Voyage curieux parmi les Sauvages de l'Amérique Septentrionale, enrichi de figures. *Amst. Uytwerf*, 1738. 2 vol. in-12. V. F. d. s. t.

501 Gomgam, ou l'Homme Prodigieux, transporté dans l'Air, sur la Terre & sous les Eaux, augmenté du Dénouement de l'Hist. du Doct. Dirto, de ses Sentences & Jugemens, de ses bons mots, d'une maniere extraordinaire inventée pour punir un Satyrique, d'une fig. qui en représente l'Exécution, & de plus. autres. *Paris, Prault*, 1713. 2 vol. in-12. V. M. f. d. d. s. t.

56

502 Mémoires de Gaudence de Luques, Prisonnier de l'Inquifition, augmentés & enrichis de fçavantes Remarques de M. Rhedi, & de fig. en taille-douce, impr. en camailleu rouge. *Amft.* [*Paris*] 1753. 2 *vol. in*-12. M. R.

503 Les Nouvelles de Miguel de Cervantes Saavedra, où font contenues plufieurs rares advantures, & mémorables exemples d'Amour & de Fidélité, trad. de l'Efpagnol en François par MM. F. de Roffet & d'Audiguier. *Paris, Richer,* 1618. 2 *vol. in*-8. M. B.

504 Zayde, Hiftoire Efpagnole, par M. de Segrais, avec un Traité de l'Origine des Romans, par M. Huet. *Paris, Barbin,* 1670. 2 *vol. in*-12. M. R. *dent. d'or, lav. régl.* = *double*, M. C. *lav. régl.*

505 Rélation hiftorique & galante de l'invafion de l'Efpagne par les Maures. *La Haye, Moetjens,* 1699. 2 *tom* I *vol. in*-12. V. B. *d. f. t.*

506 Florine ou la Belle Italienne, Conte de Fées. 1713. = Henry, Duc des Vandales, avec un Extrait des Hiftoires tragiques de Bandel. *Paris,* 1714. *in* 12. *fig.* M. R.

507 Les Avantures de l'infortuné Florentin, ou Hiftoire de Marco Mario Brufalini, avec figures. *Amfterdam, Mortier,* 1729. 2 *tom.* I *vol. in*-12. V. E. *f. d.*

Romans Hiftoriques & Politiques.

508 Les Aventures de Télémaque, par M. François de Salignac de la Motte Fenelon. *Paris, Delaune,* 1717. 2 *vol in*-12. *fig.* M. C.

509 Les mêmes, enrichies de figures en taille-douce, gravées d'après les deffeins du Sr. Coypel. *Paris, Delaune,* 1730. *in*-4. G. P. M. R.

510 Les mêmes, nouvelle Edition, conforme au Manufcrit original de l'Auteur, & enrichie de figures

figures gravées en taille-douce, sous la direction de B. Picart, par les plus habiles Maîtres. *Amst. Westeins & Smith*, 1734. *in fol.* M. R.

Ce Livre, qui est très-rare, est de toute beauté.

511 Les mêmes. *Londres*, *Dodsley*, 1738. 2 *vol.* *in-8.* G. P. *fig.* M. R.

Romans de Chevalerie, & Historiques.

512 Le Roman de Merlin l'Enchanteur, avec ses Prophéties. *Paris*, *Ant. Vérard*, 1498. 3 *vol.* *in-fol.* M. C. *à compartimens.*

513 La Destruction de Troyes, où il est parlé du Roi Ninus, des forces & vaillances de Hercules, & des Grégeois, MSS. sur velin, décoré de XCIX. belles miniatures. *In-fol.* G. P. M. R.

514 Les principales Avantures de l'admirable Don Quichotte, représentées en figures par Coypel, Picart le Romain & autres habiles Maîtres, avec les Explications des XXXI Planches de cette magnifique Collection, tirées de l'Original Espagnol de Miguel de Cervantes. *La Haye*, *de Hondt*, 1746, *in-fol.* M. R. *dent. d'or, doubl. de tabis.*

PHILOLOGIE.

515 Les XV Livres des Déipnosophistes d'Athénée, Ouvrage délicieux, agréablement diversifié, & rempli de Narrations sçavantes sur toutes sortes de sujets, trad. en François par Michel de Marolles, Abbé de Villeloin. *Paris*, *Langlois*, 1680. *in-4.* M. R. *Rare.*

516 Le Chef-d'Œuvre d'un Inconnu, Poëme,

H

par le Doct. Chrisostôme Matanasius. *La Haye,*
Husson, 1716. *in-12.* v. f. d. s. t. in 8.

517 Les Leçons de Thalie, ou les Tableaux des
divers Ridicules que la Comédie présente.
Paris, Nyon, 1751. 2 *vol. in-12.* v. f. d. s. t.

Satyres, Invectives, Défenses, Apologies, &c.

518 T. Petronii Satyricon, cum Notis Bour-
delotii. *Parisiis, Audinet,* 1677. *in-12.* m. b.
lav. régl.

519 Idem, cum notis Joan Boschii, Th. Reinesii, &
Joan. Schefferi : accedit Fragmentum Traguria-
num, & quod Albæ Græcæ recuperatum est.
Amstelodami, Wotters, 1700. 2 *vol. in-32.* m. b.
doub. de m. c. dent. d'or.

520 Le Conte du Tonneau, contenant tout ce
que les Arts & les Sciences ont de plus sublime
& de plus mystérieux, par le Doct. Swift. *La
Haye, Scheurleer,* 1721. 2 *vol. in-8.* fig. g. p.
v. m. f. d.

521 Apologie pour Herodote, ou Traité de la
conformité des Merveilles anciennes avec les
modernes, par Henri Estienne, avec des Remarq. par M. le Duchat. *La Haye, Scheurleer,*
1735. 3 *vol in-8.* m. r.

522 Eloge de la Folie, composé en forme de dé-
clamation, par Erasme, avec les Notes de Lis-
trius, & les belles figures de Holbenius, le tout
sur l'Original de Basle, trad. en François par
M. Gueudeville. *Leide,* 1713. *in-12.* m. r.

523 Le même, nouv. Edit. [*Paris,*] 1751. *in-4.*
figures enluminées. m. v. dent. d'or, & lav. régl.

524 Mémoires pour servir à l'Histoire de la Ca-
lotte. *Moropolis,* 1739. 3 *vol. in-12.* m. r.

525 Le grand Dictionnaire des Précieuses, ou la Clef de la langue des Ruelles, par le sieur de Somaize. *Paris, Loyson*, 1660. *in-*12. V. F. *f. d.*

526 Le même. *Paris, Ribou*, 1661. 2 *tom.* 1 *vol. in-*8. V. F. *f. d.*

527 Les Gymnopodes, ou la Nudité des Pieds, disputée de part & d'autre, par Sébastien Rouillard. *Paris*, 1624. *in-*4. G. P. V. F. *d. f. t.*

POLYGRAPHES.

528 Les Œuvres de Lucian de Samosate, Philosophe excellent, non moins utiles que plaisantes, trad. du Grec, par Filbert Bretin. *Paris, Abel l'Angelier*, 1583. *in-fol.* M. R. *lav. régl.*

529 Les Essais de Michel, Seigneur de Montaigne, avec les Remarques de Pier. Coste. *Londres, Tonson*, 1724. == Supplément aux Essais de Montaigne. *Lond. Darrès*, 1740. 4 *vol. in-*4. M. B. *lav. régl.*

530 Les Œuvres de M. Sarasin. *Paris, le Gras*, 1685, 2 *vol. in-*12. M. C. *lav. régl.*

531 Œuvres de M. l'Abbé de Saint-Réal. *Amst. l'Honoré*, 1732. 4 *vol. in-*12. *fig.* V. F. *f. d.*

532 Les mêmes. *Amst. l'Honoré*, 1740. 6 *vol. in-*12. *fig. & vignettes de belles épreuves.* M. R.

533 Œuvres mêlées de Charles Margotelle de S. Denys, Seigneur de Saint-Evrémond, publiées sur les MSS. de l'Auteur, par le Sr. Silvestre, 11e. édit. augmentée de la Vie de l'Auteur, par Pier. Desmaizeaux, *Londres, Tonson*, 1709. 3 *vol. in-*4. G. P. M. R.

534 Œuvres diverses de Pier. Bayle, contenant tout ce que cet Auteur a publié sur des matieres de Théologie, de Philosophie, de Critique, d'Histoire & de Littérature. *La Haye, Husson*, 1727. 4 *vol. in-fol.* G. P. M. R. *lav. régl.*

H ij

535 Les Œuvres de Paul Scarron. *Amſt. Mortier,* 1697. 10 *tom.* 11 *vol. in*-12. M. R.

536 Œuvres Diverſes de M. de Fontenelle, nouv. Edit. augmentée & enrichie de figures gravées par B. Picart. *La Haye, Goſſe,* 1728. *3 vol. in-fol.* M. C.

537 Les mêmes. *Paris, Brunet,* 1742. 8 *vol. in*-12. M. B.

538 Œuvres diverſes de Savinien Cyrano de Bergerac, ornées de figures en taille-douce. *Amſt.* [*Rouen*] 1709. 2 *vol. in*-12. V. F. *d. ſ. t.*

539 Œuvres diverſes du R. P. René Rapin. *Amſt. Wolfgang,* 1693. 4 *vol in*-12. M. R. *lav. régl.*

540 Œuvres de Madame la Marquiſe de Lambert, avec un Abrégé de ſa vie. *Paris, Ve. Ganeau,* 1748. 2 *vol. in*-12. V. F. *d. ſ. t.*

541 Mémoires politiques, amuſans & ſatyriques par M. J. N. D. B. C. de L... (Moreau de Brazey.) *Hollande,* 1735. 3 *vol. in*-12. *fig.* V. F. *ſ. d.*

Apophthegmes & Bons Mots ſous des titres en Ana.

542 Menagiana, ou les Bons Mots & Remarques critiques, hiſtoriques, morales & d'érudition, de M. Menage. *Paris, Delaune,* 1715, 4 *vol. in*-12. V. F. *ſ. d.*

Dialogues.

543 Neuf Dialogues faits à l'imitation des Anciens, par Oraſius Tubero. (la Mothe le Vayer) *Francfort, Sarius,* 1506. (pour 1606.) *in*-4. M. C. *lav. régl.*

Voyez la Bibliographie inſtruct. n°. 4093.

544 Les mêmes. *Francfort*, 1606. *in-4*. M. R. *lav. régl.*

545 Les Entretiens d'Ariste & d'Eugene, par Dominique Bouhours. *Paris, Mabre - Cramoisy*, 1671. *in 4*. M. R.

546 Sentimens de Cléante sur les Entretiens d'Ariste & d'Eugene. *Paris*, 1671. *in-12*. M. R.

547 Lettres à une Dame de Province sur les Dialogues d'Endoxe & de Philanthe. *Paris, Cramoisy*, 1688. *in 12*. M. R.

548 La Maniere de bien penser dans les Ouvrages d'Esprit, par le P. Bouhours. *Paris, Mabre-Cramoisy*, 1687. *in-4*. M. R. *à compart.*

549 Opuscules sur divers sujets, par le même. *Paris, Cramoisy*, 1684. *in-12*. M. R.

550 Recueil de Pensées ingénieuses, tirées des anciens Poëtes Latins, avec les Imitations ou Trad. en vers François, par M. l'Abbé Berthelin. *Paris, Durand*, 1752. *in-12*. M. R.

EPISTOLAIRES.

Lettres de divers Auteurs François.

551 Lettres historiques de M. Pellisson. *Paris, Didot*, 1729, 3 *vol. in-12*. V. B. *d. f. t.*

552 Lettres choisies de Bayle, avec des Remarques, (par Prosper Marchand.) *Rotterd.* 1714. 3 *vol. in-12*. V. F. *f. d.*

553 Les Œuvres de Vinc. de Voiture, publiées par Et. Martin, Sr. de Pinchesne. (*Hollande*,) 1654. *in-12*. M. C.

554 Les mêmes. *Paris, Mauger*, 1693. 2 *vol. in-12*. M. R. *dent. d'or, lav. regl.*

555 Lettres nouvelles de M. Boursault, accompagnées de Fables, de Contes, d'Epigrammes, de

Remarques & de bons Mots. *Paris, le Breton,*
1709, 3 *vol. in*-12. V. F. *f. d.*

556 Les Lettres Persannes, (par M. le Préf. de
Montesquieu.) *Amsterdam, Desbordes,* 1730.
=Lettres de Nédim Coggia. *Amsterdam,* [*Paris*]
1750. 3 *vol. in*-12. M. B.

557 Lettres de M. Flechier sur divers sujets. *Paris,*
1711. *in*-12. M. R.

HISTOIRE.

Introduction à l'Histoire & à la Géographie.

558 MÉTHODE pour étudier l'Histoire, avec un Catalogue des principaux Historiens, & des Remarques sur la bonté de leurs Ouvrages, & sur le choix des meilleures Editions, par M. Lenglet du Fresnoy, avec des Cartes Géographiques, *Paris, Gandouin,* 1729. = Supplément à la Méthode pour étudier l'Histoire, par le même. *Paris, Rollin,* 1740. 6 vol. in-4. de format petit in-folio. V. F.

559 Dictionnaire Géographique Universel, contenant une Description exacte des Etats, Royaumes, Villes, Forteresses, &c. tiré du Dictionnaire Géograph. de Baudrand, par Charles Maty. *Amsterdam,* 1712. in-4. V. B.

560 Le Neptune Oriental, ou le Routier général des Côtes des Indes Orientales & de la Chine, enrichi de Cartes Hydrographiques, par M. d'Aprés de Mannevillette. *Paris, Robustel,* 1745, grand in-fol. M. R.

561 Le Plan de Paris, par M. l'Abbé de la Grive. *Grand in-fol.*

VOYAGES.

Voyages faits en diverses parties du Monde.

562 De l'Utilité des Voyages, & de l'Avantage que la recherche des Antiquités procure aux

Sçavans, par M. Baudelot de Dairval. *Paris*, 1686. 2 *vol. in-*12. *fig.* M. R.

563 Voyage autour du Monde, par Guill. Dampier. *Amsterdam*, 1711. 5 *vol. in-*12. V. M. *f. d.*

564 Voyages faits en divers tems en Espagne, en Portugal, en Allemagne, en France & ailleurs, par M***, *Amsterd. Gallet*, 1700. *in-*12. *fig.* M. R.

565 Relations historiques & curieuses de Voyages en Allemagne, Angleterre, Hollande, &c. par Ch. Patin. *Amst.* 1695. *in-*12. *fig.* M. R.

566 Nouveau Voyage d'Italie, avec un Mémoire contenant des Avis utiles pour ceux qui voudront faire ce Voyage, par M. Misson. *La Haye, Van-Bulderen*, 1702. 3 *vol. in-*12. *fig.* M. R.

567 Voyages en France, Italie, Allemagne & en Turquie, par M. Dumont. *La Haye, Foulque*, 1699. 4 *vol. in-*12 *fig.* V. M. *f. d. f. t.*

568 Voyages faits, principalement en Asie, dans les XII. XIII. XIV & XV. siécles, par Pierre Bergeron. *La Haye, Neaulme*, 1735. 2 *tom.* I *vol. in-*4. *fig.* V. F. *d. f. t.*

569 Voyages en divers Etats d'Europe & d'Asie, pour découvrir un nouveau Chemin à la Chine, avec une description de la grande Tartarie, par le P. Philippe Avril. *Paris, Barbin*, 1692. *in-*4. *fig. gr. pap.* M. R.

570 Voyage de M. Aubry de la Motraye, en Europe, en Asie & en Afrique, avec figures. *La Haye, Van-Duren*, 1727. 2 *vol. in-fol.* V. E. *d. f. t.*

571 Voyage au Levant, c'est-à dire, dans les principaux endroits de l'Asie mineure, dans les Isles de Chio, de Rhodes, de Chypre, &c. faits depuis l'An 1674 jusqu'en 1693, par Corneille le Brun, trad. du Flam. en Franç. avec des figures en taille-douce. *Delf, Kroonevelt*, 1700. *in-fol.* V. E. *bonne édition.*

572

572 Le même Voyage au Levant, par Corneille le Brun, avec des figures en taille-douce. *Hollande*, 1714. *in-fol.* V. F.

573 Voyage du même en Moscovie, en Perse & aux Indes Orientales, fait depuis l'année 1701 jusqu'en 1718, avec des figures grav. en taille-douce. *Amst. Wetstein*, 1718. 2 vol. *in-fol.* G. P. V. E.

574 Recueil de Voyages au Nord, contenant divers Mémoires très-utiles au Commerce & à la Navigation. *Amsterdam, Bernard*, 1731. 8 vol. *in-*12. *fig.* M. R.

575 Voyage de Dalmatie, de Grece, & du Levant, par M. George Wheler, enrichi de Médailles & de Figures. *La Haye, Alberts*, 1723. 2 vol. *in-*12. V. E. *f. d.*

576 Voyages de Jean Struys, en Moscovie, en Tartarie, en Perse & aux Indes, publiés par M. Glanius. *Amsterdam, Van-Meurs*, 1681. *in-*4. *fig.* M. R. *dent. d'or.*

577 Voyage de Siam, par M. de la Loubere, Envoyé extraord. du Roi auprès du Roi de Siam, en 1687 & 1688. *Paris, Coignard*, 1691. 2 vol. *in-*12. *fig.* M. R.

578 Rélation d'un Voyage, fait par ordre du Roi, contenant l'Histoire ancienne & moderne de plusieurs Isles de l'Archipel, de Constantinople, des Côtes de la Mer Noir, de l'Arménie, de la Géorgie, &c. avec des figures en taille-douce & des Remarques, par Joseph Pitton de Tournefort. *Paris, Impr. Royale*, 1717. 2 vol. *in-*4. V. F. *d. f. t.*

Voyages imaginaires.

579 Voyages & Avantures de Jacques Massé. *Bordeaux, Jacques l'Aveugle*, 1710. *in-*12. M. R.

I

580 Voyages de Gulliver, trad. de l'Anglois de Jonathan Swift, par M. Guyot des Fontaines. *Paris, Martin,* 1727. 2 *vol. in-*12. *fig.* V. B. *d. f. t.*

Chronologie.

581 Le Monde, son origine & son antiquité. (*Londres,*) 1751. *in-*12. V. F. *d. f. t.*

582 L'Art de vérifier les dates des Faits historiques, des Chartres, des Chroniques & autres anciens Monumens, depuis la naissance de J. C. Ouvrage commencé par Dom Maur d'Antine, Relig. Bénéd. continué & achevé par Dom Durand & Dom Clémencé, Bénédictins. *Paris, Desprez,* 1750. *in* 4. M. C.

583 Tables Chronologiques de l'Histoire Universelle, par M. l'Abbé Lenglet du Fresnoy. *Paris, Gandouin,* 1724. *gr. in-fol.* V. F.

584 Lettres & Mémoires du Baron de Pollnitz, contenant les Observations qu'il a faites dans ses Voyages, & le caractere des personnes qui composent les principales Cours de l'Europe. *Amst. Changuion.* 1737. 5 *vol. in-*8. V. F. *d f. t.*

585 L'Espion dans les Cours des Princes Chrétiens, par Paul Marana. *Cologne, Kinkius,* 1710, 6 *vol. in-*12. *fig.* V. B.

HISTOIRE ECCLÉSIASTIQUE.

Histoire Ecclésiastique de l'Ancien & du Nouveau Testament.

586 Sulpitii Severi Opera omnia quæ extant. *Lugd. Bat.* 1643. *in-*12. M. R.

587 Histoire du Peuple de Dieu, contenant l'ancien Testament, par le P. Isaac Joseph Ber-

ruyer. *Paris*, 1728. 7 tom. 8 vol. *in*-4. G. P.
V. M. *d. ſ. t.*

588 Hiſtoire du Peuple de Dieu, ou le Texte Sa-
cré des Livres du Nouv. Teſtament, réduit en
corps d'hiſtoire, par le même. *La Haye*, (*Paris*)
1743. 8 vol. *in*-12. V. F. *d. ſ. t.*

589 Hiſtoire Eccléſiaſtique, par M. Fleury, avec
la Table. *Paris*, *Aubouyn*, 1691 & ann. ſuiv.
37 vol. *in*-4. G. P. V. F. *ſ. d.*

590 Abrégé de l'Hiſtoire Eccléſiaſtique, par
M. Racine. *Utrecht*, 1748 & ann. ſuiv. 14 vol.
in-12. M. C.

591 Abrégé Chron. de l'Hiſtoire Eccléſiaſtique,
par M. Macquer *Paris*, 1751. 2 vol. *in*-8. M. R.

Hiſtoire des Conciles, des Papes & des Cardinaux.

592 Hiſtoire du Concile de Trente, écrite en Italien par Fra-Paolo Sarpi, de l'Ordre des Ser-
vites, & trad. de nouv. en François, avec des
Notes critiq. hiſtoriq. & théologiques, par Pier.
François le Courayer. *Londres*, *Samuel Idle*,
1736. 2 vol. *in-fol.* G. P. M. B. dent. d'or, doublé
de tabis & lav. régl.

593 La même. *Amſterdam*, *Wetſtein*, 1736. 2 vol.
in-4. G. P. M. R. ✳

594 Hiſtoire du Concile de Piſe, par Jacq. l'En-
fant. *Amſt. Humbert*, 1724. 2 tom. 1 vol. *in*-4.
fig. gr. pap. V. M.

595 Relation hiſtorique & apologétique des Sentimens & de la Conduite du P. le Courayer,
avec les Preuves juſtificatives des Faits avancés
dans l'Ouvrage. *Amſterdam*, 1729. 2 vol. *in*-12.
M. R. dent. d'or.

596 L'Eſprit de Gerſon, ou Inſtructions Catho-

liques touchant le S. Siége. *Londres*, 1710. *in-*12. V. I. d. f. t.

597 Histoire des Papes, depuis S. Pierre jusqu'à Benoît XIII. par Franç. Bruys. *La Haye*, *Scheurleer*, 1732. 5 *vol. in-*4 G. P. M. C.

598 La Vie du Pape Alexandre VI, & de son fils Cesar Borgia, contenant les Guerres de Charles VIII & Louis XII, & les Révolutions arrivées en Italie depuis 1492 jusqu'en 1506, par Alexandre Gordon, trad. de l'Anglois. *Amst.* *Mortier*, 1732. 2 *vol. in-*12. M. B.

599 Histoire de la Papesse Jeanne, extraite de la Dissertation Latine de Spanheim. *La Haye*, *Vanden-Kieckoom*, 1736. 2 *vol. in-*12. *fig.* M. R.

600 La Vie du Cardinal Jean-Franç. Commendon, écrite en Latin par Ant. Maria Gratiani, & traduite en François par M. Flechier. *Paris*, *Mabre-Cramoisy*, 1680, *in-*12. M. R. *doub. de* M. R. *dent. d'or, lav. régl.*

601 La même. *Paris*, 1699. *in* 12. M. R.

602 Histoire du Cardinal Porto-Carrero, Archevêque de Tolede. (*Hollande*,) 1710. *in-*12. V. F.

603 Histoire du Syndicat d'Edmond Richer, écrite par lui-même. *Avign. Girard*, 1753. *in* 12. M. B.

Histoire des Ordres Monastiques & des Hérésies.

604 Histoire du Clergé Séculier & Régulier des Congrégations de Chanoines & de Clercs de l'un & de l'autre sexe, établies jusqu'à présent, tirée de différens Auteurs, avec des figures en taille-douce. *Amsterdam, Brunel*, 1716. 4 *vol. in-*8. G. P. M. R.

605. Histoire des Ordres Militaires, Séculiers & Réguliers, de l'un & de l'autre sexe, tirée de

différens Auteurs, & principalement de l'Abbé
Giuſtiniani, avec des figures gravées en taille-
douce qui repréſentent leurs habillemens. *Amſt.*
Brunel, 1721. 4 *vol. in*-8. G. P. M. R.

606 Hiſtoire de tous les Ordres Militaires ou de
Chevalerie, contenant leurs Inſtructions, leurs
Cérémonies, leurs Pratiques, leurs Actions &
les Vies des Grands-Maîtres, avec leurs vête-
mens, armes & deviſes, gravées par Adrien
Schoonebeck. *Amſt.* 1699. 2 *vol. in*-8. M. R.

607 Hiſtoire des Chevaliers Hoſpitaliers de Saint
Jean de Jéruſalem, appellés depuis les Chevaliers de Rhodes, & aujourd'hui, les Chevaliers
de Malthe, par M. René Aubert de Vertot, avec
les Portraits des Grands - Hommes gravés en
taille-douce. *Paris*, 1726. 4 *vol. in*-4. G. P. V. F.
d. ſ. t.

608 Légende Dorée, ou Sommaire de l'Hiſtoire
des Freres Mendians de l'Ordre de S. Dominique & de S. François. *Amſterdam*, 1734. 3
vol. in-12. *fig.* V. F. d. ſ. t.

609 Hiſtoire de N. Dame de Lieſſe, par M. Villette. *Laon*, *Renneſſon*, 1708. *in*-8. *fig.* M. C.

610 Cérémonies & Coutumes Religieuſes de tous
les Peuples du Monde, repréſentées par des figures gravées par B. Picart, avec des Explications hiſtoriques & des Diſſertations curieuſes.
Amſterdam, *Bernard*, 1723 & *ann. ſuiv.* 9 *vol.*
in-fol. G. P. M. R. = Superſtitions anciennes &
modernes, préjugés vulgaires qui ont induit les
Peuples à des uſages & à des pratiques contraires
à la Religion, &c. *Amſt.* 1733 & 1736. 2 *vol. in-*
fol. fig. G. P. M. R.

611 Défenſe de l'Hiſtoire des Variations contre la
Réponſe de M. Baſnage, par M. Boſſuet. *Paris*,
Aniſſon, 1691. *in*-12. M. R.

612 Hiſtoire de l'Inquiſition & ſon Origine, par

70 M. Marſollier. *Cologne, Marteau,* 1693. *in-*12.
M. N. *lav. régl.*

Vies des Saints & des Perſonnes illuſtres en Piété.

613 La Vie de Saint Ambroiſe, diviſée en XII Livres ; les IX premiers contiennent l'Hiſtoire de ſa Vie, & les III derniers repréſentent ſon Eſprit, ſa Conduite & ſa Morale, par M. Godefroy Hermant. *Paris, Dupuis,* 1678. *in-*4. M. R. *doubl. de* M. *lav. régl.*

614 La Vie de Saint Athanaſe, Patriarche d'Alexandrie, par le même. *Paris, Dezallier,* 1679. *in-*4. M. R *doub. de* M. *lav. regl.*

615 La Vie de Saint Baſile le Grand, & celle de Saint Grégoire de Nazianze, par le même. *Paris, Dezallier,* 1679. 2 vol. *in-*4. M. R. *doub. de* M. *lav. régl.*

616 La Vie de Saint Jean-Chryſoſtôme, Patriarche de Conſtantinople, par le même, (publiée ſous le nom de M. Ménard.) *Paris, Savreux,* 1664. *in-*4. M. R. *lav. régl.*

617 La Vie de Saint François Xavier, de la C. de J. Apôtre des Indes & du Japon, par le P. Bouhours. *Paris, Mabre-Cramoiſy,* 1682. *in-*4. M. R. *doubl. de* M. *lav. régl.*

618 La Vie de Saint Ignace, Fondateur de la Compagnie de Jeſus, par le même. *Paris, Mabre Cramoiſy,* 1679. *in-*4. M. R. *doubl. de* M. *lav. régl.*

619 La Vie de Saint François de Borgia, par V. J. *Paris, Villery,* 1672. *in-*12. M. R.

620 La Vie de Dom Barthelemy des Martyrs, Religieux de l'Ordre de S. Dominique, tirée de différens Auteurs, par Pier. Thomas, Sr. du

Foſſé, & Iſaac-Louis le Maître de Sacy. *Paris*,
le Petit, 1663. *in-*4. M. R. *doubl. de* M. *lav. régl.*

Le Portrait de D. Barthelemy des Martyrs, grav. par Bou-
langer, ſe trouve dans cet Exemplaire.

621 Les Vies des Saints Peres des Deſerts d'O-
rient & d'Occident, avec des figures gravées en
taille-douce. *Amſterdam*, *Brunel*, 1714. 4 *vol.*
*in-*8. G. P. M. R.

622 La Vie du Pere Paul, de l'Ordre des Servi-
teurs de la Vierge. & Théologien de la S. Re-
publ. de Veniſe, trad. de l'Italien par F. G. C.
A. P. D. B. *Leyde*, *J. Elzevier*, 1661. *in-*12. M. R.

623 La Vie de la Vénérable Mere Marguerite Marie, morte en odeur de ſainteté en 1690, par
M. J. Joſ. Languet, *Paris*, *Ve. Mazieres*, 1739.
*in-*4. G. P. V. F. *d. ſ. t.*

624 Les Vrais Pourtraits des hommes illuſtres en
Piété & Doctrine, avec XLIV Emblêmes Chrétiens, trad. du Lat. de Théod. de Beze, par Jean
de Laon. 1581. *in* 4. M. B.

Hiſtoire Ancienne & des Juifs.

625 Hiſtoire Ancienne des Egyptiens, des Car-
thaginois, des Aſſyriens, &c. par M. Charles
Rollin. *Par. Eſtienne*, 1740. 6 *vol. in-*4. G. P. M. R.

626 Hiſtoire du Monde, Sacrée & Profane, pour
ſervir d'introduction à l'Hiſtoire des Juifs de
M. Prideaux, par M. Samuel Shuckford, trad.
de l'Anglois par J. P. Bernard. *Leide*, *Verbeck*,
1738. 3 *vol. in-*12. M. R.

627 Joſeph Juif & Hebrieu, Hyſtoriögraphe Grec
de l'Antiquité Judaïque, tranſlaté ſur la Verſion
Latine de Ruffin en Vulgaire François, par
Guill. Michel. *Paris*, *Galliot du Pré*, 1534. *in-fol.*

Exemplaire imprimé ſur velin, orné de lettres initiales &
figures, peintes en or & en couleurs.

628 Histoire des Juifs, écrite par Flavius Joseph, sous le Titre de Antiquités Judaïques, trad. sur l'Original Grec, & revue sur divers MSS. par M. Ant. Arnauld d'Andilly. *Paris, le Petit,* 1670. 2 vol. in fol. fig. V. E. d. f. t.

629 La même, enrichie de figures en taille-douce. *Bruxelles, Frix,* 1701. 5 vol. in-8. M. E.

630 Histoire des Juifs & des Peuples voisins, depuis la décadence des Royaumes d'Israël & de Juda jusqu'à la mort de J. C. trad. de l'Anglois de M. Prideaux. *Amsterdam, du Sauzet,* 1728. 6 vol. in-12. fig. V. F. d. f. t.

631 Histoire des Juifs, depuis J. C. jusqu'à présent, pour servir de continuation à celle de Joseph, par Jacq. Basnage. *La Haye, Scheurleer,* 1716. 15 vol. in-12. V. F. f. d.

Histoire Grecque.

632 Histoire de Thucydide de la Guerre du Péloponese, traduite du Grec, par Nicolas Perrot, Sr. d'Ablancourt. *Amsterdam,* 1713. 3 vol. in-12. V. F. d. f. t.

633 Retraite des dix mille, trad. du Grec de Xenophon, par le même. *Paris, Courbé,* 1658. in 8. M. R.

634 Les Voyages de Cyrus, par M. Michel André de Ramsay. *Londres,* 1730. in-4. M. R. lav. régl.

635 Quinte-Curce de la Vie & des Actions d'Alexandre le Grand, de la Traduction de Clément Favre de Vaugelas, IIIe. Édition, avec les Supplémens de Jean Freinshemius sur Quinte-Curce, trad. par Pier. du Ryer. *Paris, Courbé,* 1659. in-4. G. P. M. R. lav. régl.

Histoire Romaine, Générale & Particuliere.

636 Caii Julii Cæsaris Commentarii, accuratissimè cum Libris editis & MSS. optimis collati, recogniti & correcti : accesserunt Samuëlis Clarke annotationes, necnon indices locorum rerumque & verborum, cum figuris æneis elegantissimis. *Londini*, *Jacob. Tonson*, 1712. *in-fol.* M. R.

Cet Exemplaire est exactement conforme à la Description que nous en a donnée M Debure le jeune dans sa Bibliographie instructive, n°. 4893.

637 Le Parfait Capitaine, ou Abrégé des Guerres des Commentaires de César, par H. D. R. (Henri, Duc de Rohan.) *Paris*, 1744. *in-12.* M. R.

638 C. Corn. Taciti Opera, ex J. Lipsii Editione, cum Notis Hug. Grotii. *Lugd. Bat. Elzev.* 1640. 2 vol. *in-12.* M. R. *lav. régl.*

639 Histoire des Révolutions Romaines, de Suede & de Portugal, par M. l'Ab. de Vertot. *La Haye, Van-Dole*, 1734. *in-4.* G. P. V. F. *d. s. t.* 2 vol.

640 Histoire des deux Triumvirats, depuis la mort de Catilina jusqu'à celle d'Antoine, avec l'Histoire d'Auguste, par Larrey ; le tout publié par M. Citry de Laguette. *Amsterd. Mortier*, 1720. 2. vol. *in-12.* M. R. *lav. régl.*

641 Histoire de l'Empereur Théodose le Grand, par M. Esprit Fléchier. *Paris, Cramoisy*, 1679. *in-4.* G. P. M. R.

642 La même. *Paris, Dupuis*, 1699. *in-12.* M. R. *lav. régl.*

643 Vies des Empereurs Tite-Antonin & Marc-Aurele, par M. Gautier de Sibert. *Paris, Musier fils*, 1769. *in* 12. M. R.

644 Les Cesars de l'Empereur Julien, traduits du

K

Grec par feu M. le Baron de Spanheim, avec des Remarques & des Preuves, enrichies de plus de 300 Médailles & autres anciens Monumens, gravés par B. Picart. *Amsterdam, l'Honoré,* 1728. *in-4.* G. P. M. R.

645 La Peste du Genre-Humain, ou la Vie de Julien l'Apostat. *Cologne, Marteau,* 1696. *in-12.* M. B.

Histoire d'Italie.

646 Les Délices d'Italie, ou Description exacte de ce pays & de toutes les raretés qu'il contient, par M. de Rogissart. *Leide, Vander Aa.* 1706. 3 *vol. in-12. fig.* M. R.

647 Histoire des Guerres d'Italie, depuis 1490 jusqu'en 1534, trad. de l'Italien de François Guichardin, en François, (par le Sr. Favre, & revue ensuite & retouchée par le Sr. Georgeon.) *Londres,* (*Paris*) 1738. 3 *vol. in-4.* G. P. V. F. d. s. t.

648 Nouveau Voyage d'Italie, par Misson. *La Haye, Van-Bulderen,* 1702. 4 *vol. in-12. fig.* V. F.

649 Voyage Pittoresque d'Italie, ou Recueil de Notes sur les Ouvrages de Peinture & de Sculpture qu'on voit dans les principales Villes d'Italie, par M. Cochin. *Paris, Ant. Jombert,* 1756. 2 *vol. in-8.* G. P. M. R. *dent. d'or.*

650 Histoire de Florence, par Nic. Machiavel. *Amst. Desbordes,* 1696. 2 *vol. in-12.* V. M. d. s. t.

651 Rélation de l'Etat de Gènes, par M. le Noble. *Paris, de Sercy,* 1685. *in-12.* M. R.

HISTOIRE DE FRANCE.

Histoire Générale de France.

652 Carte Générale de la Monarchie Françoise.

contenant l'Histoire Militaire depuis le Roi Clovis jusqu'à la XVe. année accomplie du Regne de Louis XV. par M. Lemau de la Jaisse. *Paris*, 1733. *in-fol.* M. B.

653 Instructions sur l'Histoire de France & Romaine, par M. le Ragois. *Paris, Pralard, 1712.* 2 *in-12.* M. R. *lav. régl.*

654 Le Royaume de France & les Etats de Lorraine par ordre alphabétique, par M. Doisy. *Paris, Quillau, 1745. in-4.* M. R. *dent. d'or.*

655 Les Grands Chroniques de France, *dites les* Chroniques de Saint Denis, depuis l'origine des François jusqu'au couronnement du Roi Charles VI, MSS. *sur vélin,* ornée de LXX belles miniatures & de lettres initiales relevées en or, M. R. *fermoirs & coins de cuivre.*

656 Histoire de France, depuis l'établissement de la Monarchie Françoise dans les Gaules, par le P. Gabr. Daniel. *Paris, 1729 & ann. suiv. 10 vol. in-4.* G. P. *fig.* V. F. *d. f. t.*

657 Histoire de France, depuis Faramond jusqu'à la paix de Vervins, sous Henri IV. en 1598, avec un Abrégé de la Vie des Reines, les Portraits des Rois, Reines & Dauphins, leurs Médailles & leurs Explications, par Franç. Eudes de Mézeray. *Paris, Guillemot,* 1643, 1646 & 1651. 3 *vol. in-fol.* G. P. M. R. *lav. régl.*

658 Abrégé de l'Histoire de France, par Fr. Eudes de Mézeray, précédée de l'Histoire des François avant le regne de Clovis, augmenté des regnes de Louis XIII & de Louis XIV, par de Limiers. *Amsterdam, Wolfgang,* 1673 & ann. suiv. 9 *vol. in-12.* M. B. *bonne édition.*

659 La même. *Paris, Jolly,* 1668. 3 *vol. in-4 fig.* M. R. = *double.*

660 Comparaison des deux Histoires de Mézeray & du P. Daniel, avec une Dissertation sur l'u-

tilité de l'Histoire, par Daniel Lombard. *Amst.
aux dépens de la Compagnie*, 1723. *in*-4. G. P. V. F.

661 Mémoires Historiques & Critiques sur divers points de l'Histoire de France, & plusieurs autres sujets curieux, par M. de Mézeray. *Amst.
Bernard*, 1732. *in*-12. V. F. *d. f. t.*

662 Nouvel Abrégé Chronologique de l'Histoire de France, par M. le Président Henault. *Paris,
Prault*, 1744. *in*-8. V. F. *d. f. t.*

663 Le même, III*e*. Edit. ornée de vignettes & fleurons en taille-douce. *Paris, Prault*, 1749.
in-4. G. P. M. B. *dent. d'or, doub. de tabis & lav. régl.*

Histoire Générale de France & de ce qui s'est passé sous chaque Regne.

664 Histoire de S. Louis, IX*e*. du nom, Roi de France, écrite par Jean Sire de Joinville, enrichie de nouvelles Observations & Dissertations historiques, avec les Etablissemens de S. Louis, le Conseil de Pier. de Fontaine, & plusieurs autres pieces concernant ce Regne, tirées des MSS. par Charles du Fresne, sieur du Cange.
Paris, Cramoisy, 1668. *in-fol.* M. R.

665 La même, avec les Annales de son Regne, par Guillaume de Nangis, sa vie & ses Miracles, par le Confesseur de la Reine Marguerite, le tout publié d'après les MSS. de la Bibliothèque du Roi, avec un Glossaire. *Paris, Impr. Royale,*
1761. *in-fol.* M. R.

666 Histoire de Louis XI. avec un Recueil de Pieces pour y servir de suite, par M. Charles Duclos. *Paris, Guerin*, 1745 *&* 1746. 4 *vol.*
in-12. V. F. *d. f. t.*

667 Les Mémoires de M. Philippe de Commines, Sr. d'Argentan. *Leide, chez les Elzeviers*, 1648.
in-12. M. B. *lav. régl.*

668 Les mêmes, revus fur plufieurs MSS. du tems,
enrichis de Notes & de Figures, & augmentés
par M. l'Abbé Lenglet du Frenoy. *Paris, Rollin,*
1747. 4 *vol. in-4.* G. P. M. R.

Dans cet Exemplaire fe trouve l'Epître dédicatoire de l'Auteur
à feu M. le MARECHAL de SAXE, ainfi que fon Portrait.
Voyez la Bibliog. inftruct. n°. 5168.

669 Hiftoire Univerfelle de Jacque-Augufte de
Thou, depuis 1543 jufqu'en 1607, trad. fur
l'Edit. Latine de Londres, par différens Auteurs, & publiée par Pier. Franç. Guyot des
Fontaines, avec les Portraits d'Odieuvre. *Lond.*
(*Paris*) 1734. 16 *vol. in-4.* G. P. M. B. *du Levant,*
& *lav. régl.* = *double,* G. P. V. F. *d. f. t.*

670 Mémoires de Louis de Bourbon, Prince de
Condé, nouv. Edit. augmentée de plufieurs
Pieces, avec des Notes hiftoriques, par M. De-
nis Secouffe. *Londres,* (*Paris*) 1743. 5 *vol. in-4.*
G. P. V. F. *d. f. t.*

671 Commentaire de l'état de la Religion & de
la Republique fous Henri II. François II &
Charles IX. divifés en VII. Livres, par le Préfid.
Pier. de la Place. *Impr. en* 1565. *in-8.* M. R.

672 Les Mémoires de Maximilien de Bethune,
Duc de Sully, mis en ordre, avec des Remarques, (par M. l'Abbé de l'Eclufe) & les Portraits
d'Odieuvre. *Lond.* (*Paris*) 1745. 3 *vol. in-4.* G.
P. M. R.

673 Les Avantures du Baron de Fœnefte, par
Theodore Agrippa d'Aubigné. *Cologne, Mar-*
teau, 1729. 2 *vol. in-8.* V. F. *d. f. t.*

674 Journal de Henri III. ou Mémoires pour fer-
vir à l'Hift. de France, par M. Pierre de l'Etoile,
avec des Remarques hiftoriques. Paris, fe. Gandouin, 1744. 5 *vol. in-8.* M. R.

675 La Legende de Charles, Cardinal de Lor-

raine, & de ses freres, de la maison de Guise, par Franç. de l'Isle. *Reims*, *Martin*, 1579. *in* 8. M. V.

676 Legende de Dom Claude de Guise, Abbé de Cluny, contenant ses faits & gestes depuis sa nativité jusques à la mort du Cardinal de Lorraine, &c. attribuée à Dagoneau, Sieur de Vaux, Juge de Cluny. *Imprimée en* 1581. *in*-8. M. V.

677 Le Reveil-Matin des François & de leurs Voisins, par Eusebe Philadelphe Cosmopolite. (Théod. de Beze.) *Edimbourg*, *James*, 1574. *in*-8. M. B.

678 Les Héros de la Ligue, ou la Procession Monacale pour la conversion des Protestans de France. *Paris*, (*Amsterdam*) 1691. *in*-4. M. R. *avec les figures gravées en maniere noir*, *rare*.

Voyez la Bibliographie instruct. n°. 4681.

679 Journal du Regne de Henri IV. par M. Pierre de l'Estoile, avec des Remarques hist. & polit. du Chevalier C. B. A. *La Haye*, (*Paris*) 1741. 4 *vol. in*-8. M. R.

680 La Satyre Menippée de la vertu du Catholicon d'Espagne & de la tenue des Etats de Paris en 1593, (par Pierre le Roi, Chanoine de Rouen,) avec quelques autres Pieces & des Remarques, (par Pierre Dupuy,) nouvelle Edition, augmentée de nouvelles Remarques & de plusieurs Pieces, par M. le Duchat. *Ratisbonne*, *Kerner*, 1709. 3 *vol. in*-8. *fig.* V. E. F.

681 Lettres du Cardinal d'Ossat, nouv. Edit. corrigée sur le Manuscrit original, & augmentée avec des Note historiques & politiques de M. Amelot de la Houssaie. *Paris*, *Boudot*, 1698. 2 *vol. in*-4. M. R. *dent. d'or*.

682 Histoire du Regne de Louis XIII. par Mich. le Vassor. *Amsterdam*, *Brunel*, 1700. 10 tom. 19 *vol. in*-12. M. R. *lav. régl.*

683 Lettres du Card. Duc de Richelieu. *Paris, Cramoisy*, 1696. 2 vol *in-12.* M. R.

684 La Vie d'Armand Jean, Card. Duc de Richelieu, depuis 1606 jusqu'en 1642. *Cologne* 1696. 2 vol. *in-12.* M. R.

685 Mémoires de M. de Montchal, contenant des particularités de la Vie & du Ministere du Card. de Richelieu. *Rotterdam, Fritsch*, 1718. 2 vol. *in* 12. V. F. *d. s. t.*

686 Histoire du Card. Ximenès, par M. Fléchier, *Paris, Anisson*, 1693. *in-*4. G. P. M. R.

687 La même, *Paris, Dupuis*, 1704. 2 vol. *in-12.* V. M. *d. s. t.*

688. Histoire du Ministere du Card. Ximenès, par M. de Marsolier, *Paris, Dupuis*, 1739. 2 vol. *in-*12. M. R.

689 La même, *Paris, Dupuis*, 1704. 2 vol. *in-12.* V. M. *d. s. t.*

690 Mémoires de Mlle. Anne-Marie-Louise de Bourbon, Duchesse de Montpensier, depuis l'année 1630, jusqu'en 1688, *Amsterdam*, 1735. 8 vol. *in-12.* V. E. *s. d.*

691 Mémoires de M. D. L. R. sur les Brigues à la mort de Louis XIII; les Guerres de Paris & de Guyenne, & la Prison des Princes, *Cologne, Van Dyck*, 1663. *in-*12 M. R. *lav. régl.*

692 Jugement de tout ce qui a été imprimé contre le Card. Mazarin, depuis le 6 Janvier jusqu'au premier Avril 1649, par Gabriel Naudé, seconde édition de 718 pages. *in-*4°. G. P. M. B. *lav. régl.*

693 Mémoires du Maréchal de Bassompierre, contenant l'Histoire de sa Vie. *Cologne, Marteau*, 1665. 2 vol. *in-12.* M. R. *lav. régl.*

694 Les Mémoires de M. Roger de Rabutin, Comte de Bussy, *Amsterdam, Chatelain*, 1731. 3 vol. *in-12.* V. E

695 Histoire de la Vie & du Regne de Louis XIV, publié par Augustin Bruzen de la Martiniere, avec des figures & des médailles. *La Haye, Van Duren*, 1740. 5 vol. *in-*4°. G. P. M. R.

696 Médailles sur les principaux évènemens du Regne de Louis-le-Grand, avec des explications historiques. *Paris, Impr. Royale*, 1702. *in-*4°. M. R.

697 Les mêmes, avec la Préface. *Paris, Impr. Royale*, 1702. *in-fol.* M. R. *doublé* de M. V.

698 Mémoires du Card. de Retz, de M. Joly & de Mad. la Duchesse de Nemours, contenant ce qui s'est passé de plus remarquable en France, pendant les premieres années du Regne de Louis XIV. *Amsterdam, Bernard*, 1731 & 1738. 7 *vol. in-*12. M. R.

699 Portraits de Louis-le-Grand, suivant ses différens âges, pour servir à l'Histoire des principaux événemens de son Regne, par médailles gravés par Audran. *in-*4 M. R. 8.

700 Œuvres de M. Pierre de Bourdeille, Seigneur de Brantome. *Leyde, Sambix*, 1666. 8. *vol. in-*12. V. F. *d. s. t.*

701 Mémoires de M. le Comte de Rochefort, contenant ce qui s'est passé de plus particulier sous les Card. de Richelieu & Mazarin. *Cologne, Marteau*, 1688. *in-*12. V. M. *d. s. t.*

702 Mémoires de Gaspard, Comte de Chavagnac. *Besançon*, 1699. 2 *vol. in-*12. V. M. *d. s. t.*

703 Histoire de Henry de la Tour d'Auvergne, Vicomte de Turenne, Maréchal général des Armées du Roi. *Paris, Ve. Mazieres*, 1735. 2 *vol. in-*4°. *fig.* V. F. *s. d.*

704 Mémoires du Comte de Forbin. *Amsterdam*, 1730. 2 *vol. in-*12. V. E. *s. d.*

705 Les mêmes. *Amsterdam*, [*Paris,*] 1748. 2 *vol. in-*12. V. F. *d. s. t.*

706

706 Histoire du Pere la Chaize, où l'on verra les intrigues secrétes qu'il a eu à la Cour de France & dans toutes les Cours de l'Europe. Cologne, Marteau, 1694. 2 vol. in-12. M. R.

707 La France Galante ou Histoire Amoureuse de la Cour. Cologne, Marteau, 1689. in-12. M. R. lav. régl.

708 Mémoires de M. du Guay-Trouin, Lieutenant général des Armées Navales de France. Paris, 1740. in-4. G. P. fig. v. r. d. f. t.

709 Le Sacre de Louis XV, (Roi de France & de Navarre,) dans l'Eglise de Reims, le Dimanche 25 Octobre 1722. Grand in-fol. M. R. dent. d'or.

710 Mémoires de Madame de Staal, depuis 1715 jusqu'en 1720. Londres, [Paris,] 1755. 4 vol. in-12. M. C.

Histoire des Provinces & Villes de France.

711 Description Sommaire de Versailles, ancienne & nouvelle, avec des figures, par M. Felibien-des-Avaux. Paris, Chretien, 1703. in-12. M. R.

712 Description de Paris, de Versailles, de Marly, de Meudon, de St. Cloud, de Fontainebleau, &c. par M. Piganiol de la Force. Paris, Poirion, 1742. 8 tom. 10 vol. in-12. fig. v. r. f. d.

713 Description de l'Eglise de l'Hôtel-Royal des Invalides, par M. Félibien-des-Avaux. Paris, 1702. in-12. fig. M. R.

714 La même, par Michel Felibien. Paris, 1706. in-fol. M. R.

715 Histoire de l'Abbaye de St. Germain-des-Prés, justifiée par des titres authentiques, & enrichie de plans & de figures, par Dom Jac-

ques Bouillart. *Paris , Dupuis ,* 1724. *in-fol.*
G. P. M. R.

716 Hiſtoire de l'Abbaye Royale de St. Denys en
France, avec les preuves, par Michel Felibien.
Paris, Léonard, 1706. *in-fol.* G. P. M. R. *lav.
régl.*

*MÉLANGES de l'Hiſtoire de France ,
Prérogatives des Rois, Droit de Souve-
raineté , Etats & Offices, Solemnités
& Traités ſur les Monnoyes.*

717 Le Cabinet du Roi de France, dans lequel
il y a trois Perles précieuſes, d'ineſtimable va-
leur, (attribué à Nic. Froumenteau,) *imprimé en*
1682. *in-*8. M. B.

718 Hiſtoire des Connétables, Chanceliers &
Gardes des Sceaux, Maréchaux, Amiraux, &c.
avec leurs Armes & Blaſons, depuis leur origine
juſqu'en 1555, par Jean le Féron; continuée
par Claude Collier, & augmentée de Remarques & de Pieces curieuſes, par Denys Godefroy. *Paris, Imp. Royale,* 1658. *in-fol.* M. R.

719 Hiſtoire chronologique de la Grande Chan-
cellerie de France, contenant ſon origine,
l'état de ſes Officiers, un Recueil exact de leurs
noms, depuis le commencement de la Monarchie juſqu'à préſent, leurs Fonctions, Privileges & Prérogatives , Droits & Réglemens;
enſemble l'Etabliſſement & les Réglemens des
Chancelleries près les Cours de Parlement,
autres Cours & Siéges Préſidiaux du Royaume,
par Abraham Teſſereau. *Paris, Emery,* 1706 &
1710. 2 *vol. in-fol.* M. B.

720 Hiſtoire des Secrétaires d'Etat , avec les
Eloges, Armes , Blaſons & Généalogies de
tous ceux qui les ont poſſédés juſqu'à préſent,

par Fauvelet du Toc. *Paris, de Sercy, 1668.
in-4.* G. P. M. R. *avec les Blasons enluminés.*

721 Privileges des Secrétaires du Roi. MSS. *Sur velin, en lettres gothiques, avec une miniature à la tête du texte. in-4.* M. B.

722 Histoire de la Milice Françoise, depuis l'établissement de la Monarchie jusqu'à la fin du Regne de Louis-le-Grand, par le P. Gabriel-Daniel. *Paris, Mariette, 1721. 2 vol. in-4.* G. P. *fig.* V. F. d. f. t.

723 Almanachs Royaux, depuis 1752 jusques & compris 1771. 20 *vol. in-8.* M. R. & M. B.

724 Description des Fêtes données par la Ville, à l'occasion du Mariage de Madame Louise-Elisabeth de France, & de Dom Philippe, en 1739. *Paris, le Mercier, 1740. Grand in-fol.* M. R.

725 La Gallerie du Palais du Luxembourg, peinte par Rubens, deffinée par les fieurs Nattier, & gravée par les plus illuftres Graveurs du tems. *Paris, 1710. Grand in-fol.* V. M.

726 Traité de la Cour des Monnoyes, & de l'étendue de fa Jurifdiction, juftifiée par Chartres, Édits & Déclarations des Rois, par Germain Conftant. *Paris, Mabre-Cramoify, 1658. in-fol.* G. P. M. B.

727 Traité des Monnoyes, par M. Henry Poullain. *Paris, Léonard, 1709. in-12.* V. F.

728 Recherches curieufes des Monnoyes de France, depuis le commencement de la Monarchie, par Claude Bout;erouë. *Paris, Edme Martin, 1666. in-fol.* G. P. M. B.

729 Traité hiftorique des Monnoyes de France, avec leurs figures, depuis le commencement de la Monarchie jufqu'à préfent, par François le Blanc. *Paris, Boudot, 1690.* = Differtations hiftoriques du même, fur quelques Monnoyes

de Charlemagne, de Louis le Débon-
re, de Lothaire, & de ſes Succeſſeurs,
frappées dans Rome, par leſquelles on ré-
fute l'opinion de ceux qui prétendent que ces
Princes n'ont jamais eu aucune autorité dans
cette Ville, que du conſentement des Papes.
Paris, Coignard, 1689. 2 vol. in-4. G. P. M. B.

Hiſtoire d'Allemagne, de Hollande, de Flandres, d'Eſpagne, de Portugal & d'Angleterre.

730 Hiſtoire du Prince François Eugene de Sa-
voye, enrichie des Plans des Batailles, des
Siéges, & des Médailles néceſſaires pour l'intelligence de cette Hiſtoire. *Amſterdam, Merkus,
1750. 5 vol. in-8.* V. T. à. ſ. c.

731 Mémoires de Jean de Witt, Grand Penſion-
naire de Hollande, traduits de l'original en
François, par M. De***. *Ratisbonne, Kinkius,
1709. in-12.* V. B. ſ. d.

732 Hiſtoire de la Vie & de la Mort des deux
illuſtres Freres Corneille & Jean de Witt. *Utrecht,
Brœdelet, 1709. 2 vol. in-12. fig.* M. C.

733 Hiſtoire de la Guerre de Flandres, trad. du
Latin de Famianus Strada, par Pierre du
Ryer. (*Cologne,*) 1665. *2 vol. in-8. fig.* M. C.
lav. régl.

734 Le Miroir de la cruelle & horrible Tyrannie
Eſpagnole, perpétuée au Pays-Bas, par le Ty-
ran Duc d'Albe, avec les Tyrannies commi-
ſes aux Indes Orientales, par les Eſpagnols,
par Barth. de Las Caſas. *Amſterd., 1620. in-4.
fig.* M. R.

735 Etat préſent de l'Eſpagne, où l'on voit une
Géographie hiſtorique du Pays, par M. l'Abbé

de Vayrac. *Paris, des Hayes*, 1718. 4 vol. in-12. V. M. d. f. t.

736 Histoire chronologique d'Espagne, tirée de Mariana, & des plus célebres Auteurs Espagnols, par Mad.*** *Rotterdam, Acher*, 1696. 3 vol. in-12. V. M. d. f. t.

737 Lettres de M. Filtz Moritz, traduites de l'Anglois, par M. de Garnelai. *Rotterd.* 1718. in-12. V. M. f. d.

738 Histoire de la Conquête d'Espagne, par les Mores, composée en Arabe par Abulcacim Tariff-Abentariq, & trad. par Mich. de Luna. *Paris, Barbin*, 1680. 2 vol. in-12. V. M. d. f. t.

739 Histoire de Portugal, contenant les Entreprises, Navigations & Gestes mémorables des Portugallois, traduite du Latin de Jerofme Oforius, & mise en François par du Bourg de S. Gervais. *Paris*, 1587. 1 tom. relié en 5 vol. in-8. M. R. lav. régl.

740 Histoire des Combats d'Almenar & de l'en-nalva, des Batailles de Sarragosse de Villaviciosa, & du Siége de Gironne, par Gayot de Pitaval. *Paris, Jombert*, 1712. in-12. V. M. d. f. t.

741 Histoire générale d'Angleterre, par Paul de Rapin-Thoyras, avec les Portraits. *La Haye, Rogissart*, 1724 & années suivantes 13 vol. in-4. C. P. M. C. = Remarques historiques & critiques, sur l'Histoire d'Angleterre de Rapin-Thoyras, par N. Tindal, avec un Abrégé du Recueil des Actes publics d'Angleterre, de Th. Rymer. *La Haye, Gosse*, 1733. 2 vol. in-4. G. P. M. C.

742 Histoire des Révolutions d'Angleterre, depuis le commencement de la Monarchie jusqu'au Regne de Guillaume III, par le Pere

HISTOIRE.

Pierre-Joseph d'Orléans, avec les Portraits. *La Haye, Alberts,* 1723. 3 *vol. in-*12. V. F.

743 Les mêmes. *Amsterdam, Mortier,* 1714. 3 *vol. in-*12. *fig.* M. R. *lav. régl.*

744 Histoire du Stadhouderat, depuis son origine jusqu'à présent, par M. l'Abbé Raynal. *Paris,* 1750. 2 *vol. in-*8. G. P. M. R. ══ *double,* G. P. M. R. *lav. régl.*

745 Histoire du Parlement d'Anglererre, par le même. *Londres, (Paris,)* 1748. 2 *vol. in-*8. G. P. M. R. *lav. régl.*

746 Histoire & Commerce des Colonies Angloises dans l'Amérique Septentrionale. *Londres, (Paris,)* 1755. 2 *vol. in-*12. M. B.

Histoire des Pays Septentrionaux, Suede, Brandebourg, &c.

747 Histoire de Charles XII, Roi de Suede, par M. François-Marie Arrouet de Voltaire. *Basle, Christ. Révis,* 1733. *in-*12. V. F. *f. d.*

748 La même, traduite du Suédois de M. J. A. Nordberg. *La Haye, de Hondt,* 1748. 4 *vol. in-*4. G. P. M. B.

749 Histoire des Révolutions de Suede & de Portugal, par l'Abbé de Vertot. *La Haye, Van-Dole,* 1734. *in-*4. G. P. *v. f. d. f. t.*

750 Histoire des Révolutions de Suede, par le même. *Paris, Brunet,* 1696. 2 *vol. in-*12. V. F. *f. d.*

751 Présages de la Décadence des Empires. *Mekelbourg,* 1688. *in-*12. M. B.

752 Abrégé de l'Histoire de la Maison de Brandebourg, par Grégoire Leti. *Amsterdam, Roger,* 1687. *in-*12. V. M. *d. f. t.*

753 Mémoires pour servir à l'Histoire de la Maison de Brandebourg, précédés d'un Discours,
& suivis de trois Dissertations sur la Religion, 12
les Mœurs & le Gouvernement de Brandebourg, par Charles - Fréderic III⁰. du nom,
Roi de Prusse. *Berlin, Neaulme, 1751. in-4.*
G. P. M. R.

HISTOIRES DES MONARCHIES
HORS DE L'EUROPE.

Histoire des Turcs, &c.

754 Bibliothéque Orientale, ou Dictionnaire
Universel, contenant généralement tout ce
qui regarde la connoissance des Peuples de
l'Orient, par Barthelemy d'Herbelot, publiée
avec une Préface, par Ant. Galland. *Paris,* 6
1697. in-fol. M. R.

755 Histoire de l'Etat présent de l'Empire Otto-
man, traduite de l'Anglois de Paul Ricaut, par
Pierre Briot, avec des figures gravées par S. le 18
Clerc. *Paris, Cramoisy, 1670. in-4.* M. R. *Premiere édit.*

756 Mœurs & Usages des Turcs, leur Religion,
leur Gouvernement Civil, Militaire & Politique, avec un Abrégé de l'Histoire Ottomane, 15
par M. Guer. *Paris, Coustelier, 1746. 2 vol. in-4.
fig.* M. C.

757 La Vie de Mahomet, où l'on découvre am-
plement la vérité de l'Imposture, traduite de
l'Anglois de M. Humphrey Prideaux, enrichie
de Figures en taille-douce. *Amst. Gallet, 1698.
in-8.* V. F. = *double, fig.* M. R.

758 La même, avec des Réflexions sur la Reli-

gion Mahométane, & les Coutumes des Mu-
fulmans, par M. le Comte de Boulainvilliers.
Amft. Humbert, 1731. *in-*12. *fig.* M. R.

759 Hiftoire des Arabes, avec la Vie de Mahomet, par le même. *Amft.* (*Trevoux*,) 1731. *in-*
12. V. F.

760 Hiftoire de l'Ifle de Ceylan, écrite par le
Capit. Jean Ribeyro, & préfentée au Roi de
Portugal en 1685. *Paris, Boudot*, 1701. *in-*12.
fig. M. R.

761 Hiftoire des deux Conquérants Tartares
qui ont fubjugué la Chine, par le R. P. J. D.xxx
(Pierre Jofeph d'Orléans.) *Paris, Lucas*, 1689.
*in-*8. M. R.

762 Hiftoire de l'Ifle Efpagnole ou de St. Do-
mingue, par le P. Franç. Xavier de Charlevoix.
Paris, 1730. 2 *vol. in-*4. G. P. V. F. d. f. t.

763 Mœurs des Sauvages Amériquains, compa-
rées aux Mœurs des premiers temps, par le P.
Lafitau. *Paris*, 1724. 2 *vol in-*4. *fig.* M. B.

764 Defcription du Cap de Bonne-Efpérance,
tirée des Mémoires de M. Pierre Klobe. *Amft.*
Catuffe, 1741. 3 *vol in-*12. *fig.* V. F. f. d.

765 Les Merveilles des Indes Orientales & Occi-
dentales, ou Traité des Pierres précieufes &
Perles, par Robert Berquen. *Paris, Lambin*,
1661. *in-*4. M. R.

766 Recueil de cent Eftampes, repréfentant différentes Nations du Levant, tirées fur les Tableaux peints d'après nature, en 1707 & 1708,
par les ordres de M. de Ferriol, Ambaffadeur
du Roi à la Porte, & gravées en taille-douce
par les foins de M. le Hay, avec les Explications. *Paris*, 1714. *Grand in-fol.* V. M.

Histoire Généalogique.

767 Recueil abrégé des principales Maisons du Royaume, vivantes en 1693 & 1694. 3 vol. in-4. *Manuscrits, sur velin, très-bien écrits, avec les Blasons.* M. R. *dent. d'or.*

Le premier Volume contient l'Etablissement, l'Usage & les Ornemens qui accompagnent les Armoiries, le Rang des Duchés & Comtés Pairies, suivant leur ancienneté.

Le second contient les Grands Officiers de la Couronne, les Chevaliers & Commandeurs des Ordres du Roi, & les Gouverneurs des Provinces.

Le troisieme contient l'Abrégé des Maisons considérables par leur ancienneté, ou par les charges & dignités, lesquelles ne sont pas comprises dans celles rapportées dans les deux précédens Volumes.

768 Noms, Qualités, Armes & Blasons des Gouverneurs, Lieutenans de Roi, Prévôts des Marchands, Echevins, Procureurs, Avocats du Roi, Greffiers, Receveurs, Conseillers & Quartiniers de la Ville de Paris, gravées par le sieur Beaumont. *in-fol.* M. R. *dent. d'or.*

769 Armorial des principales Maisons & Familles du Royaume, particuliérement celles de Paris & de l'Isle de France, par M. du Buisson. *Paris, Guerin, 1757. 2 vol. in-12. fig.* M. V.

770 Histoire Généalogique de la Maison d'Auvergne, justifiée par Chartres, Titres, Histoires anciennes & autres preuves authentiques, par Etienne Baluze. *Paris, Dezallier, 1708. 2 vol. in-fol.* G. P. M. R.

771 Extrait de la Généalogie de la Maison de

Mailly, par M. de Clairambault. *Paris, Ballard, 1757. in-4.* G. P. M. C. dent. d'or.

Antiquités & Histoire Métallique.

772 Observations sur les Antiquités de la Ville
d'Herculanum, par MM. Cochin fils & Bel-
licard. *Paris, Jombert, 1754. in-12. fig.* M. R.
dent. d'or.

773 Funérailles & diverses manieres d'ensevelir
des Romains, des Grecs & des autres Nations,
par Claude Guichard. *Lyon, 1581. in-4.* V. F.
d. f. t.

774 Médailles de grand & moyen bronze du Cabinet de la Reine Christine, gravées d'après les
Originaux, par Pietro-Santes-Bartolo, & expliquées par un Commentaire, donné par Si-
gébert Havercamp. *La Haye, de Hondt, 1742.
in fol.* G. P. M. R.

775 Le Cabinet de la Bibliothéque de Ste. Ge-
nevieve, contenant les Antiquités de différentes Nations, des Poids & des Médailles ; des
Monnoyes, des Pierres antiques gravées, des
Minéraux, des Talismans, des Lampes antiques,
des Animaux les plus rares, &c. par le Pere
Claude du Molinet. *Paris, Dezallier, 1692.
in-fol. fig.* G. P. M. R.

776 Discours sur les Médailles & Gravures antiques, principalement Romaines, avec une Ex-
position particuliere de diverses Médailles &
Gravures antiques, rares & exquises, par Ant.
le Pois. *Paris, Mamert Patisson, 1579. in-4.*
M. C. dentelle d'or, avec la figure au verso du
feuillet.

777 Discours sur les Médailles antiques, par M.
Savot. *Paris, Cramoisy, 1627. in-4.* V. M. f. d.

778 Traité des Pierres gravées du Cabinet du Roi, avec des Explications, par Pierre - Jean Mariette. *Paris, de l'Imp. de l'Auteur*, 1750. 2 vol. *in-fol. fig.* M. R.

779 Traité des Statues, par François Lemée. *Paris, Seneuse*, 1688. *in-*12. V. M. d. f. t.

780 Description de la Limagne d'Auvergne, en forme de Dialogue, avec plusieurs Médailles, Statues, Oracles, Epitaphes, Sentences, & autres choses mémorables, non moins plaisantes que profitables aux Amateurs de l'Antiquité, traduite du Livre Italien de Gab. Syméoni, en François, par Ant. Chappuys. *Lyon, Rouille*, 1561. *in-*4. V. F. f. d. Rare.

Voyez la Bibliographie instructive. N°. 5392.

781 Les Observations de plusieurs singularités & choses mémorables, trouvées en Grece, Asie, Judée, Egypte, Arabie, & autres Pays étrangers, rédigées en III Livres, par Pierre Belon. *Paris, de Marnet*, 1588. *in-*4. *fig.* M. V.

HISTOIRE LITTERAIRE.

Histoire de l'Imprimerie.

782 L'Origine de l'Imprimerie de Paris, Dissertation historique & critiq. par André Chevillier. *Paris, de Laune*, 1694. *in-*4. V. F.

783 Histoire de l'Origine & des Progrès de l'Imprimerie, par Prosper Marchand. *La Haye, P. Paupie*, 1740. *in-*4. V. M. f. d.

Histoire des Académies.

784 Histoire de l'Académie Royale des Inscrip-

tions & Belles - Lettres, depuis son Etabliffe-
ment, avec les Eloges des Académiciens morts
depuis fon renouvellement. *Paris, Guerin*, 1740.
3 *vol. in*-8. M. R.

785 Recueil de plufieurs Machines de nouvelle
invention, Ouvrage Pofthume de M. Perrault.
Paris, Coignard, 1700. *in*-4. M. R.

Bibliographie ou Hiftoire des Livres.

786 La Bibliothéque de François Grudé, fieur
de la Croix-du-Maine, ou Catalogue général
de toutes fortes d'Auteurs qui ont écrit en
François depuis 500 ans & plus. *Paris, Abel
l'Angelier*, 1584, *in-fol.* G. P. M. C. Rare.

787 Difcours au Roi, fur le rétabliffement de la
Bibliothéque Royale de Fontainebleau, par
Abel de Sainte-Marthe. (*Paris*,) 1668. *in*-4.
M. R.

Catalogues de Bibliothéques.

788 Bibliotheca Telleriana, five Catalogus Librorum Bibliothecæ Caroli-Mauritii le Tellier,
digeftus à Nicolao Clement. *Parifiis, è Typogr.
Regia*, 1693. *in-fol.* G. P. M. R.

789 Catalogus Librorum Bibliothecæ Caroli
Bulteau. *Parifiis, Giffart & Martin*, 1711. 2
vol. in-12. V. B. *f. d. avec les prix.*

790 Catalogus Librorum Bibliothecæ de Cifter-
nay du Fay. *Parifiis, Martin*, 1725. *in*-8. M. C.
avec les prix. = *double.*

791 Catalogue de la Bibliothéque de feu M. le
Card. du Bois, recueillie par M. l'Ab. Bignon.
La Haye, 1725. 4 *vol. in* 8. V. F.

792 Catalogue de la Bibliothéque du Château de

Rambouillet, appartenant à M. le Comte de Touloufe. *Paris, Martin,* 1726 & 1734. *in-8.* v. e. *f. d.*

793 Catalogus Librorum Bibliothecæ J. B. Colbert. *Parifiis, Martin,* 1728. 3 *vol. in-*12. v. e. *f. d. avec les prix.*

794 Catalogus Librorum Michaelis Brochard. *Parifiis, Martin,* 1729. *in-8.* v. f. *avec les prix.*

795 Catalogue des Livres de feu M. le Blanc. *Paris, Martin,* 1729. *in-8.* v. e. *f. d. avec les prix.*

796 Catalogue des Livres & Eftampes du Cabinet de M. Hallée. *Paris,* 1730. *in* 8. m. b. *avec les prix.*

797 Bibliotheca Lambertina. *Parifiis, Martin,* 1730. *in-*8. v. e. *f. d. avec les prix.*

798 Catalogus Librorum Steph. Franç. Geoffroy. *Parifiis, Martin,* 1731. *in-*8. v. f. *avec les prix.*

799 Catalogue des Livres de feu M. de Cangé. *Paris, Guerin,* 1733. *in-*12. v. e. *f. d.*

800 Catalogue des Livres de feu M. Bourret. *Paris, Boudot,* 1735. *in-*12. v. e. *f. d. avec les prix.*

801 Catalogue des Livres de feu M. l'Evêque de Caumartin. *Paris, Guerin & Barrois,* 1736. *in-*12. v. f. *f. d. avec les prix.*

802 Catalogue des Livres de feu M. Couet. *Paris, Barrois,* 1737. *in-*12. v. e. *f. d. avec les prix.*

803 Catalogus Librorum Bibliothecæ Caroli-Henrici Comitis de Hoym. *Parifiis, Martin,* 1738. *in* 8. v. e. *f. d. avec les prix.* = *double.*

804 Catalogue des Livres de MM. de Chavigny, = Brinon de Caligny, = de Ganate = & d'Hermand. *Paris,* 1738. *in-*8. v. f. *avec les prix.*

805 Catalogue des Livres de feu M. Bellanger. *Paris, Martin*, 1740. *in*-8. V. E. *f. d. avec les prix.*

806 Catalogue des Livres de la Bibliothéque de feu M. le Maréchal Duc d'Eftrées. *Paris, Guerin*, 1740. 2 *vol, in* 8. V. E. *avec les prix.*

807 Catalogue des Livres de feu M. le Peletier. *Paris, Barrois,* 1741. *in*-8. V. E. *f. d. avec les prix.*

808 Catalogue des Livres de feu M. Lancelot. *Paris, Martin*, 1741. *in*-8. V. E. *avec les prix.*

809 Catalogue des Livres de la Bibliothéque de feu M. le Chevalier de Charoft. *Paris, J. Barrois*, 1742. *in*-8. V. E. *f. d. avec les prix.*

810 Catalogue des Livres de feu M. Barré. *Paris, Martin,* 1743. 2 *vol. in*-8. V. E. *f. d. avec les prix.*

811 Catalogue des Livres de M***. *Paris, Piget,* 1744. *in* 8. V. E. *f. d.*

812 Catalogue de feu M. Danty d'Ifnard. *Paris, Martin*, 1744. *in*-12. V. E. *f. d. avec les prix.*

813 Catalogue des Livres de feu M. l'Ab. d'Orléans de Rothelin. *Paris, Martin*, 1746. *in*-8. V. E. *avec les prix.*

814 Catalogue des Livres & Eftampes de M. le Comte de Pontchartrain, difpofé par J. Boudot. *Paris,* 1747. *in*-8. V. E. *f. d. avec les prix.*

815 Catalogue des Livres de feu M. le Préfident Bernard de Rieux. *Paris, Barrois*, 1747. *in*-8. V. E. *f. d. avec les prix.*

816 Catalogue des Livres de feu M. Burette. *Paris, Martin*, 1748. 3 *vol. in*-12. V. E. *f. d. avec les prix.*

817 Catalogue des Livres de feu M. Gluc de Saint-Port, difpofé par J. Boudot. *Paris,* 1749. *in*-8. V. E. *d. f. t. avec les prix.*

818 Catalogue des Livres de M. le Préfident

Crozat de Tugny. *Paris, Thibouſt,* 1751. *in-8.*
v. f. *d. ſ. t. avec les prix.*

819 Catalogue des Livres du Cabinet de M. de
Boze. *Paris, Martin,* 1753. *in-8.* m. b. *avec les
prix.*

820 Catalogue des Livres & Eſtampes de feu
M. de la Haye. *Paris, Martin,* 1754. *in-8.* v. e.
f. d. avec les prix.

821 Catalogue des Livres de feu M. Giraud de
Moucy. *Paris, Barrois,* 1753. *in-8.* v. e. *f. d.
avec les prix.*

922 Catalogue des Livres & Eſtampes de feu M.
de la Haye. *Paris, Martin,* 1754. *in-8.* v. e.
f. d. avec les prix.

823 Catalogues des Livres provenans de la Bibliothéque de feu M. de Boze. *Paris, Martin,*
1754. = du Comte d'Autry, = de la Vigne,
& de l'Abbé de Fleury. *in-8.* v. e. *f. d. avec les
prix.*

824 Catalogues des Livres de MM. Bonneau,
Chauvelin, Hebert & Coquelet. *Paris,* 1754.
in-8. v. e. *f. d. avec les prix.*

825 Catalogues des Livres de MM. Bernard,
= Orry de Fulvy, = du Préſ. Dupuis, = Davy
de la Fautriere, = Gerſain, & du Duc de Saint-
Simon. *Paris,* 1754. *in-8.* v. e. *f. d. avec les
prix.*

826 Catalogue des Livres de l'Abbé Delan. *Paris,
Barrois,* 1755. *in-8.* v. e. *f. d. avec les prix.*

827 Catalogue des Livres de feu M. Secouſſe.
Paris, Barrois, 1755. *in-8.* v. f. *f. d. avec les
prix.*

828 Catalogues des Livres de MM. Pajot. Comte
d'Onſenbray & de Pajot de Malzac. *Paris,* 1756,
in-8. v. e. *f. d. avec les prix.*

829 Catalogues des Livres de feu M. de Selle.
Paris, Barrois & Davitz, 1761. = De M. Gaſcq

de la Lande. *Paris, Martin*, 1756. *in*-8. v. e. *f. d.* avec les *prix*.

830 Catalogue des Livres du Cabinet de M. Girardot de Préfond, difposé par Guill. Franç. de Bure le jeune. *Paris*, 1757. *in*-8. v. e. *f. d.* avec les prix.

831 Le même, *impr. fur pap. d'Hollande. in*-8. g. p. m. c. *dent. d'or*, avec les prix.

832 Catalogue des Livres de feu M. Guyon de Sardiere. *Paris, Barrois*, 1759. *in*-8. v. e. *f. d.* = *doubl. impr. fur pap. d'Holl.* v. r. *d. f. t.*

833 Catalogue des Livres de feu M. Chauvelin, Miniftre d'Etat. *Paris, Lottin & Mufier fils*, 1762. *in*-8. v. e. *d. f. t.* avec les prix.

834 Catalogue des Livres de la Bibliothéque de M. Dudoyer. *Paris, Merigot l'aîné*, 1763, *in*-8. *pap. d'Holl.* v. e. *d f. t.* = doubie avec les prix.

835 Catalogue de la Bibliothéque de feu M. Falconet. *Paris, Barrois*, 1763. 2 *vol. in*-8. *imp. fur pap. d'Holl.* v. r. *d. f. t.* avec les prix.

836 Catalogue des Livres de la Bibliothéque de feue Madame la Marquife de Pompadour. *Paris*, 1765. *in*-8. *imp. fur pap. d'Holl.* m. r. avec les prix.

837 Catalogus Librorum Bibliothecæ Joannis-Francifci de Senicourt. *Parifiis, Mufier*, 1766. *in*-8. *imp. fur pap. d'Holl.* v. e. *d. f. t.* avec les prix.

838 Supplément à la Bibliographie inftructive ou Catalogue des Livres du Cabinet de feu M. Gaignat, difpofé & mis en ordre par Guill. Franç. de Bure le jeune. *Paris*, 1769. *in*-4. m. r. *Exempl. imprimé fur pap. d'Holl.* avec les prix.

839 Catalogue d'une Collection de Livres choifis, provenant du Cabinet de M. le Comte de Lauraguais.

Lauraguais. *Paris, de Bure aîné*, 1770, *in-8.* V. E. 3ᵗ
avec les prix.

Vies des Hommes illustres.

840 Les Œuvres morales de Plutarque, translatées du Grec en François, par J. Amyot, avec
une Table générale des Matieres. *Paris, Vascosan*, 1574. *7 vol. in* 8. M. R. *lav. régl.*

841 Les Vies des Hommes illustres de Plutarque,
translatées du Grec en François, par J. Amyot.
Paris, Vascosan, 1567. *6 vol. in-8.* M. R. *lav. régl.*

Les Vies d'Annibal & de Scipion l'Afriquain, trad. en François, par Charles de l'Ecluse se trouvent à la fin du tome VI.

842 Décade contenant les Vies de dix Empereurs,
extraites & traduites de divers Auteurs, par
Antoine Allegre. *Paris, Vascosan*, 1567. *in-8.*
M. R. *lav. régl.*

843 Les Hommes illustres qui ont paru en France
pendant le Siecle de Louis XIV, avec leurs Portraits au naturel, gravés en taille-douce, &
leurs Eloges, par Charles Perrault. *Paris, Dezallier*, 1696. *2. tom. 1 vol. in-fol.* M. R.

L'Exemplaire que nous annonçons est de la premiere Edition. L'on y trouve à la page 15 du premier tome, le Portrait
& la Vie du P. THOMASSIN; & à la page 65, le Portrait &
la Vie de M. DU CANGE. L'on a joint à cette premiere les
Portraits & les Vies de MM. ANTOINE ARNAULD & BLAISE
PASCAL, que l'on a tiré de la seconde Edition, ce qui donne
un mérite de plus à cet Exemplaire.

844 Histoire abrégée de la Vie & des Ouvrages
de M. Arnauld. *Cologne*, 1695. *in·12.* M. R.

845 La Vie de M. Baillet par M***. *Paris*, 1722.
in-4. gr. pap. V. E.

846 La Vie de Grotius avec l'Histoire de ses

Ouvrages, par M. de Burigny. *Amsterdam, Rey.*
1754. 2 *vol. in-*12. *vel. d. f. t.*

847 La Vie de Pierre Mignard, premier Peintre
du Roi, par M. l'Abbé de Monville, avec le
Poëme de Moliere sur les Peintures du Val-de-
Grace, &c. *Paris,* 1730. *in-*12. M. R.

848 Abrégé de la Vie des plus fameux Peintres,
avec leurs Portraits gravés en taille-douce ; les
indications de leurs principaux Ouvrages, quelques Réflexions sur leurs Caracteres, & la maniere de connoître les Desseins des grands Maîtres, par M. d'Argenville. *Paris, de Bure,* 1745.
2 *vol. in-*4. V. F. *d. f. t.*

Extraits & Dictionnaires historiques.

849 Traité des Mésaventures des Personnages
signalés, trad. du Latin de Jean Boccace, en
François par Cl. Witart. *Paris, Nic. Eve,* 1578.
*in-*8. M. B.

850 Recueil mémorable d'aucuns cas merveilleux,
advenuz de noz ans, & d'aucunes choses estran-
ges & monstrueüses, advenuës ès siecles passez,
par Jean de Marcouville. *Paris,* 1563. *in-*8.
M. R.

851 Le Grand Dictionnaire historique, par Mo-
rery. *Paris, Coignard,* 1718. 7 *vol. in-fol.*
V. B. *f. d.*

852 Dictionnaire historique & critique, par Pierre
Bayle. *Rotterdam,* 1720. 4 *vol. in-fol.*

853 Le même. G. P. M. R.

F I N.

TABLE

DES AUTEURS,

Et des Ouvrages anonymes, contenus dans le Catalogue de
M. Bonnemet.

Les chiffres indiquent les numéros de ce Catalogue.

F I N.

Lu & approuvé le préſent Catalogue. A Paris, ce 8 Janvier 1772.

L.-F. LECLERC.
Adjoint.

Les Livres seront expofés dans l'ordre fuivant :

Lundi 10 *Février* 1772.

Théologie, Depuis le N°. 1. *jufqu'au* N°. 19 *inclufivement.*

Jurifprudence,	210	216
Sciences & Arts,	231	238
Belles-Lettres,	320	340
Hiftoire,	558	580

Mardi 11.

Théologie,	20	37
Jurifprudence,	217	223
Sciences & Arts,	239	248
Belles-Lettres,	341	359
Hiftoire,	581	609

Mercredi 12.

Théologie,	38	54
Jurifprudence,	224	230
Sciences & Arts,	249	256
Belles-Lettres,	360	380
Hiftoire,	610	630

Jeudi 13.

Théologie,	55	74
Sciences & Arts,	257	265
Belles-Lettres,	381	404
Hiftoire,	631	654

Vendredi 14.

Théologie	75	92
Sciences & Arts,	266	273
Belles-Lettres,	405	427
Hiftoire,	655	677

Samedi 15.

Théologie,	93	110
Sciences & Arts,	274	280
Belles-Lettres	428	453
Hiftoire,	678	703

Lundi 17.

Théologie,	111	131
Sciences & Arts,	281	287
Belles-Lettres,	454	478
Histoire,	704	732

Mardi 18.

Théologie,	132	148
Sciences & Arts,	288	296
Belles-Lettres,	479	499
Histoire,	733	757

Mercredi 19.

Théologie,	149	169
Sciences & Arts,	297	303
Belles-Lettres,	500	520
Histoire,	758	787

Jeudi 20.

Théologie,	170	189
Sciences & Arts,	304	311
Belles-Lettres,	521	538
Histoire,	788	823

Vendredi 21.

Théologie,	190	209
Sciences & Arts,	312	319
Belles-Lettres,	539	557
Histoire,	824	853.